Orientando pais
diálogos e reflexões

EDITORES DA SÉRIE
Cristiana Castanho de Almeida Rocca
Telma Pantano
Antonio de Pádua Serafim

Orientando pais
diálogos e reflexões

AUTORAS
Érica da Cruz Santos
Denise Arisa dos Santos Dias
Cristiana Castanho de Almeida Rocca

Copyright © Editora Manole Ltda., 2024, por meio de contrato com os editores e as autoras.

A edição desta obra foi financiada com recursos da Editora Manole Ltda., um projeto de iniciativa da Fundação Faculdade de Medicina em conjunto e com a anuência da Faculdade de Medicina da Universidade de São Paulo – FMUSP.

Logotipos   *Copyright* © Faculdade de Medicina da Universidade de São Paulo
Copyright © Hospital das Clínicas – FMUSP
Copyright © Instituto de Psiquiatria

Produção editorial: Juliana Waku
Projeto gráfico e diagramação: Departamento Editorial da Editora Manole
Capa: Ricardo Yoshiaki Nitta Rodrigues
Ilustrações: Freepik, iStockphoto

CIP-BRASIL. CATALOGAÇÃO NA PUBLICAÇÃO
SINDICATO NACIONAL DOS EDITORES DE LIVROS, RJ

S234o

    Santos, Érica da Cruz
        Orientando pais : diálogos e reflexões / Érica da Cruz Santos, Denise Arisa dos Santos Dias, Cristiana Castanho de Almeida Rocca ; editores da série Cristiana Castanho de Almeida Rocca, Telma Pantano, Antonio de Pádua Serafim. - 1. ed. - Barueri [SP] : Manole, 2024.
        23 cm.   (Psicologia e neurociências)

        Inclui bibliografia e índice
        ISBN 978-85-204-5920-1

        1. Psicologia educacional. 2. Psicologia da aprendizagem. 3. Crianças - Formação. 4. Parentalidade. I. Dias, Denise Arisa dos Santos. II. Rocca, Cristiana Castanho de Almeida. III. Pantano, Telma. IV. Serafim, Antonio de Pádua. V. Título. VI. Série.

	CDD: 370.15	
24-91878	CDU: 37.015.3	

Meri Gleice Rodrigues de Souza - Bibliotecária - CRB-7/6439

Todos os direitos reservados.
Nenhuma parte deste livro poderá ser reproduzida, por qualquer processo, sem a permissão expressa dos editores. É proibida a reprodução por fotocópia.
A Editora Manole é filiada à ABDR – Associação Brasileira de Direitos Reprográficos.

1ª edição – 2024

Editora Manole Ltda.
Alameda Rio Negro, 967, cj. 717
Alphaville – Barueri – SP – Brasil
CEP: 06454-000
Fone: (11) 4196-6000
www.manole.com.br | https://atendimento.manole.com.br/

Impresso no Brasil
Printed in Brazil

EDITORES DA
SÉRIE *PSICOLOGIA E NEUROCIÊNCIAS*

Cristiana Castanho de Almeida Rocca

Psicóloga Supervisora do Serviço de Psicologia e Neuropsicologia, e em atuação no Hospital Dia Infantil do Instituto de Psiquiatria do Hospital das Clínicas da Faculdade de Medicina da Universidade de São Paulo (IPq-HCFMUSP). Mestre e Doutora em Ciências pela FMUSP. Professora Colaboradora na FMUSP e Professora nos cursos de Neuropsicologia do IPq-HCFMUSP.

Telma Pantano

Fonoaudióloga e Psicopedagoga do Serviço de Psiquiatria Infantil do Hospital das Clínicas da Faculdade de Medicina da Universidade de São Paulo (HCFMUSP). Vice-coordenadora do Hospital Dia Infantil do Instituto de Psiquiatria do HCFMUSP e especialista em Linguagem. Mestre e Doutora em Ciências e Pós-doutora em Psiquiatria pela FMUSP. Master em Neurociências pela Universidade de Barcelona, Espanha. Professora e Coordenadora dos cursos de Neurociências e Neuroeducação pelo Centro de Estudos em Fonoaudiologia Clínica.

Antonio de Pádua Serafim

Professor do Departamento de Psicologia da Aprendizagem, do Desenvolvimento e da Personalidade e Professor do Programa de Neurociências e Comportamento no Instituto de Psicologia da Universidade de São Paulo (IPUSP). Coordenador do Laboratório de Estudos e Pesquisas em Avaliação Psicológica e Neuropsicológica – LEANPSI (IPUSP). Professor Supervisor no Núcleo Forense do Instituto de Psiquiatria do Hospital das Clínicas da Faculdade de Medicina da Universidade de São Paulo (IPq-HCFMUSP) entre 2014 e 2022.

AUTORAS

Érica da Cruz Santos
Psicóloga Supervisora do Serviço de Psicologia e Neuropsicologia, e em atuação na Enfermaria Infantil do Instituto de Psiquiatria do Hospital das Clínicas da Faculdade de Medicina da Universidade de São Paulo (IPq-HCFMUSP). Especialista em Psicologia Clínica Hospitalar em Cardiologia pelo Instituto do Coração do HCFMUSP. Mestre em Ciências pela FMUSP. Professora nos cursos de Neuropsicologia do IPq-HCFMUSP e na Comportalmente.

Denise Arisa dos Santos Dias
Psicóloga e Psicanalista. Especialista em Psicologia Clínica pelo Conselho Regional de Psicologia. Especialista em Psicanálise com Crianças pelo Instituto Sedes Sapientiae-SP. Especialista em Psicossomática Psicanalítica pelo Instituto Sedes Sapientiae-SP. Especialista em Psicopatologia e Práticas Clínicas pelo Instituto de Psiquiatria do Hospital das Clínicas da Faculdade de Medicina da Universidade de São Paulo (IPq-HCFMUSP). Atua com crianças, adolescentes e orientação aos pais e na intervenção precoce na relação pais/bebês.

Cristiana Castanho de Almeida Rocca
Psicóloga Supervisora do Serviço de Psicologia e Neuropsicologia, e em atuação no Hospital Dia Infantil do Instituto de Psiquiatria do Hospital das Clínicas da Faculdade de Medicina da Universidade de São Paulo (IPq-HCFMUSP). Mestre e Doutora em Ciências pela FMUSP. Professora Colaboradora na FMUSP e Professora nos cursos de Neuropsicologia do IPq-HCFMUSP.

Durante o processo de edição desta obra, foram tomados todos os cuidados para assegurar a publicação de informações técnicas, precisas e atualizadas conforme lei, normas e regras de órgãos de classe aplicáveis à matéria, incluindo códigos de ética, bem como sobre práticas geralmente aceitas pela comunidade acadêmica e/ou técnica, segundo a experiência do autor da obra, pesquisa científica e dados existentes até a data da publicação. As linhas de pesquisa ou de argumentação do autor, assim como suas opiniões, não são necessariamente as da Editora, de modo que esta não pode ser responsabilizada por quaisquer erros ou omissões desta obra que sirvam de apoio à prática profissional do leitor.

Do mesmo modo, foram empregados todos os esforços para garantir a proteção dos direitos de autor envolvidos na obra, inclusive quanto às obras de terceiros e imagens e ilustrações aqui reproduzidas. Caso algum autor se sinta prejudicado, favor entrar em contato com a Editora.

Finalmente, cabe orientar o leitor que a citação de passagens da obra com o objetivo de debate ou exemplificação ou ainda a reprodução de pequenos trechos da obra para uso privado, sem intuito comercial e desde que não prejudique a normal exploração da obra, são, por um lado, permitidas pela Lei de Direitos Autorais, art. 46, incisos II e III. Por outro, a mesma Lei de Direitos Autorais, no art. 29, incisos I, VI e VII, proíbe a reprodução parcial ou integral desta obra, sem prévia autorização, para uso coletivo, bem como o compartilhamento indiscriminado de cópias não autorizadas, inclusive em grupos de grande audiência em redes sociais e aplicativos de mensagens instantâneas. Essa prática prejudica a normal exploração da obra pelo seu autor, ameaçando a edição técnica e universitária de livros científicos e didáticos e a produção de novas obras de qualquer autor.

SUMÁRIO

Apresentação da Série Psicologia e Neurociências XI

Introdução 1
    Desenvolvimento emocional primitivo 2
    Preocupação materna primária 5
    Função materna e função paterna 7
    A construção das relações familiares 9
    Desenvolvimento: da terceira infância à adolescência 10
    Aspectos do desenvolvimento físico e cognitivo 13
    Desenvolvimento psicossocial 13
    Estilos parentais 15
    Práticas educativas positivas e negativas: consequência
    no comportamento dos filhos 16
    Práticas educativas positivas 17
    Práticas educativas negativas 18
    Pressupostos para educar 21
    O que é limite? 23
Finalidade do programa 25
Estrutura e desenvolvimento do programa 27

SESSÕES

Sessão 1   Psicoeducacional 31
Sessão 2   Conhecendo as práticas educativas 33
Sessão 3   Inventário de estilos parentais 37
Sessão 4   Como me relaciono com meu filho? 39
Sessão 5   Reconhecendo as emoções 41

Sessão 6	Facilitando a empatia	43
Sessão 7	Ensinando a ler o ambiente social	45
Sessão 8	Comunicação assertiva	47
Sessão 9	Representação de papéis	49
Sessão 10	O lugar do poder *versus* limites	51
Sessão 11	Praticando as práticas educativas	53
Sessão 12	Interação entre pais e filhos	57

Referências bibliográficas 59

Índice remissivo 61

Slides 63

APRESENTAÇÃO DA SÉRIE PSICOLOGIA E NEUROCIÊNCIAS

O processo do ciclo vital humano se caracteriza por um período significativo de aquisições e desenvolvimento de habilidades e competências, com maior destaque para a fase da infância e adolescência. Na fase adulta, a aquisição de habilidades continua, mas em menor intensidade, figurando mais a manutenção daquilo que foi aprendido. Em um terceiro estágio, vem o cenário do envelhecimento, que é marcado, principalmente, pelo declínio de várias habilidades. Este breve relato das etapas do ciclo vital, de maneira geral, contempla o que se define como um processo do desenvolvimento humano normal, ou seja, adquirimos capacidades, mantemos por um tempo e declinamos em outro.

No entanto, quando nos voltamos ao contexto dos transtornos mentais, é preciso considerar que tanto os sintomas como as dificuldades cognitivas configuram-se por impactos significativos na vida prática da pessoa portadora de um determinado quadro, bem como de sua família. Dados da Organização Mundial da Saúde (OMS) destacam que a maioria dos programas de desenvolvimento e da luta contra a pobreza não atinge as pessoas com transtornos mentais. Por exemplo, de 75 a 85% dessa população não tem acesso a qualquer forma de tratamento da saúde mental. Deficiências mentais e psicológicas estão associadas a taxas de desemprego elevadas a patamares de 90%. Além disso, essas pessoas não têm acesso a oportunidades educacionais e profissionais para atender ao seu pleno potencial.

Os transtornos mentais representam uma das principais causas de incapacidade no mundo. Três das dez principais causas de incapacidade em pessoas entre as idades de 15 e 44 anos são decorrentes de transtornos mentais, e as outras causas são muitas vezes associadas com estes transtornos. Estudos tanto prospectivos quanto retrospectivos enfatizam que de maneira geral os transtornos mentais começam na infância e adolescência e se estendem à idade adulta.

Tem-se ainda que os problemas relativos à saúde mental são responsáveis por uma grande quantidade de mortalidade e incapacidade, tendo participação em cerca de 8,8 a 16,6% do total da carga de doença devido às condições de saúde em países de baixa e média renda, respectivamente. Poderíamos citar como exemplo a ocorrência da depressão, com projeções de ocupar a segunda maior causa de incidência de doenças em países de renda média e a terceira maior em países de baixa renda até 2030, segundo a OMS.

Entre os problemas prioritários de saúde mental, além da depressão estão a psicose, o suicídio, a epilepsia, a demência, os problemas decorrentes do uso de álcool e drogas e os transtornos mentais na infância e adolescência. Nos casos de crianças com quadros psiquiátricos, estas tendem a enfrentar dificuldades importantes no ambiente familiar e escolar, além de problemas psicossociais, o que por vezes se estende à vida adulta.

Considerando tanto os declínios próprios do desenvolvimento normal quanto os prejuízos decorrentes dos transtornos mentais, torna-se necessária a criação de programas de intervenções que possam minimizar o impacto dessas condições. No escopo das ações, estas devem contemplar programas voltados para os treinos cognitivos, habilidades socioemocionais e comportamentais.

Com base nesta argumentação, o Serviço de Psicologia e Neuropsicologia do Instituto de Psiquiatria do Hospital das Clínicas da Universidade de São Paulo, em parceria com a Editora Manole, apresenta a série *Psicologia e Neurociências*, tendo como população-alvo crianças, adolescentes, adultos e idosos.

O objetivo desta série é apresentar um conjunto de ações interventivas voltadas inclusive para pessoas portadoras de quadros neuropsiquiátricos com ênfase nas áreas da cognição, socioemocional e comportalmental, além de orientações a pais e professores.

O desenvolvimento dos manuais foi pautado na prática clínica em instituição de atenção a portadores de transtornos mentais por equipe multidisciplinar. O eixo temporal das sessões foi estruturado para 12 encontros, os quais poderão ser estendidos de acordo com a necessidade e a identificação do profissional que conduzirá o trabalho.

Destaca-se que a efetividade do trabalho de cada manual está diretamente associado com a capacidade de manejo e conhecimento teórico do profissional em relação à temática a qual o manual se aplica. O objetivo não representa a ideia de remissão total das dificuldades, mas sim, da possibilidade de que o paciente e seu familiar reconheçam as dificuldades peculiares de cada quadro e possam desenvolver estratégias para uma melhor adequação à sua realidade. Além disso, ressaltamos que os diferentes manuais podem ser utilizados em combinação.

Os Editores

CONTEÚDO COMPLEMENTAR

Os *slides* coloridos (pranchas) em formato PDF para uso nas sessões de atendimento estão disponíveis em uma plataforma digital exclusiva (https://https://conteudo-manole.com.br/cadastro/conversando-com-os-pais).

Utilize o *QR code* abaixo, digite o *voucher* **familiares** e cadastre seu *login* (*e-mail*) e senha para ingressar no ambiente virtual.

O prazo para acesso a esse material limita-se à vigência desta edição.

INTRODUÇÃO

Para falarmos sobre orientação de pais, acreditamos que seja importante entendermos a história da família detalhadamente e os passos que levaram à sua construção, como o relacionamento entre os pais, o processo de gestação e parto, o desenvolvimento da criança e a rede de apoio.

A parentalidade no século XXI traz uma discussão sobre os diversos formatos de famílias e figuras que podem exercer o cuidado e educação de crianças e adolescentes. Alguns fatores que podem influenciar na parentalidade podem ser: as figuras que exercem o papel de cuidar e educar; a sociedade na qual estão inseridos e acessos proporcionados por ela; assim como a constituição, o conjunto de pessoas e formas como as relações acontecem. Outro ciclo que deve ser levado em consideração é como a reprodução se deu para a chegada do novo membro, por meio do conhecimento da perinatalidade.

O termo parentalidade surgiu em 1959 com Therese Benedek, uma pesquisadora e educadora húngaro-americana, que trabalhou com temas como o desenvolvimento, a mulher moderna e o papel materno natural. Ela também investigou que, quando nasce um filho, algo a mais acontece no desenvolvimento dos seres humanos.

Paul-Claude Racamier, psiquiatra e psicanalista, em 1960, dialogou sobre o caráter processual implicado no exercício das funções dos pais em relação aos filhos. Ele exemplifica fazendo uso de casos de mães com filhos autistas, conceito bastante refutado na contemporaneidade.

Enquanto isso, Serge Lebovici, psiquiatra e psicanalista francês, em suas últimas produções referentes à psicopatologia do bebê, referiu a questão das interações precoces entre o bebê e seus parceiros e a da transmissão psíquica entre gerações.

No Brasil, Vera Iaconelli, psicanalista, discute em suas produções como criar filhos na atualidade, o que implica discutir sexualidade, aceitar questionamentos a respeito da família, lidar com o sofrimento, posicionar-se diante do mundo digital, estabelecer limites e ajudar nas escolhas. Assim, ela oferece pistas sobre como melhor se aventurar na tarefa de criar filhos em tempos difíceis, como a produção de discursos e as condições oferecidas pela geração anterior, para que uma nova geração se constitua subjetivamente em uma determinada época.

Os sujeitos que se incubem da tarefa parental no plano singular sem negligenciar o campo social que os enlaça. Para nos aprofundarmos nos termos mencionados e na educação dos filhos, também consideramos Winnicott, autor que traz como primícias a relação mãe e bebê e como ela está diretamente relacionada com o ambiente. A mãe precisa ser cuidada, para conseguir cuidar. Nossa intenção é também mostrar que a orientação dos pais é um cuidado, para que estes consigam desvencilhar seus próprios anseios e enxergar como cuidar de seus filhos.

Desenvolvimento emocional primitivo

Para compreendermos o desenvolvimento emocional da criança desde os primórdios de sua existência, seguiremos pela teoria de Winnicott.

Donald W. Winnicott foi um pediatra e psicanalista inglês que se dedicou a estudar a formação da vida psíquica do bebê e de sua personalidade. Sua maior fonte de inspiração e conhecimento derivou-se do trabalho com pacientes em sua clínica. Foi também um dos primeiros psicanalistas a considerar a importância do meio como um fator de extrema importância para um desenvolvimento satisfatório, acreditando que, se o ambiente não for favorável, acarretará possíveis falhas neste processo.

Para Winnicott, o estágio inicial da vida é um período extremamente delicado em que o bebê precisará de muitos cuidados para que suas necessidades sejam supridas completamente. A mãe tem papel primordial para que isso aconteça, pois nesse momento a mãe é o ambiente para seu bebê e somente assim será possível que este caminhe da dependência absoluta rumo à independência.

Citamos o autor:

> "Gostaria de postular um estado de ser que é um fato no bebê normal, antes do nascimento e logo depois. Esse estado de ser pertence ao bebê, e não ao observador. A continuidade do ser significa saúde. Se tomarmos como analogia uma bolha, podemos dizer que, quando a pressão externa está adaptada à pressão interna, a bolha pode seguir existindo. Se estivés-

semos falando de um bebê humano, diríamos "sendo". Se, por outro lado, a pressão no exterior da bolha for maior ou menor do que aquela em seu interior, a bolha passará a reagir à intrusão. Ela se modifica como reação a uma mudança no ambiente, e não a partir de um impulso próprio. Em termos do animal humano, isto significa uma interrupção no ser, e o lugar do ser é substituído pela reação à intrusão."[1] (p. 148).

Winnicott, a partir de suas observações, buscou descrever como o ser humano progride desde o início da vida e aponta para três processos necessários para o seu desenvolvimento:

- Integração.
- Personalização.
- Realização.

Segundo o autor, todo ser humano parte de um estado não integrado primário em seu desenvolvimento emocional e a percepção do eu e do próprio corpo ainda não existe. Este é um processo que deve ser desenvolvido na formação da personalidade.

Todo bebê nasce imaturo, desamparado e não integrado, em uma condição de completa dependência. Para que sobreviva, é necessário que um outro ser humano assuma a tarefa de cuidá-lo. A integração começa imediatamente após o início da vida, quando a mãe inicia os cuidados com o bebê. Ele não tem a percepção do próprio corpo como uma unidade e sua sensação é de ser formado por vários pedaços separados, causando-lhe uma vivência de extrema angústia e insegurança. É preciso, então, que uma única pessoa junte os pedaços rumo à integração, a qual ocorrerá até que ele conquiste a percepção de uma unidade individual, a existência de um outro e do mundo. A ideia da existência de um mundo externo e interno também é construída nesse processo.

A tendência a integrar-se se dá com as experiências que são oferecidas ao bebê e, nesse momento, a mãe ou o cuidador tem papel primordial, cuidando para que todas as necessidades do bebê sejam atendidas prontamente. Manter a criança aquecida, segurá-la com carinho, amamentar ou dar a mamadeira, dar banho, balançá-la e chamar pelo seu nome são algumas das experiências que darão o contorno necessário para que esta criança possa se constituir como sujeito.

> "Muitas crianças encontram-se bem longe no caminho da integração em certos períodos já durante as primeiras 24 horas de vida. Em outros, o processo é adiado, ou ocorrem recuos devido à inibição precoce do ataque voraz. Na vida normal do bebê ocorrem longos períodos nos quais o bebê não se importa em ser uma porção de pedacinhos ou um único ser, nem se ele vive no rosto da mãe ou em seu próprio corpo, desde que de tempos em tempos ele se torne uno e sinta alguma coisa [...]"[2] (p. 224)

Além da integração, é também importante o desenvolvimento do sentimento de estar dentro do próprio corpo, a personalização. Apesar de tal experiência parecer óbvia, não atentamos para o trabalho necessário para que seja possível a localização do eu no próprio corpo. Por meio do vínculo mãe-bebê, será possível alcançar a integração, a personalização e a capacidade de fantasiar, para assim ser possível apresentar o mundo real ao bebê.

É tarefa da mãe proteger o bebê de complicações que ele ainda não pode entender, então, ela lhe dá o mundo real em pequenas doses e por meio dela, o bebê passa a conhecer e desenvolver a percepção objetiva. A aceitação da realidade externa traz vantagens sobre a fantasia, que até então era vivida pelo bebê como experiências mais primitivas. A descoberta que o leite real é mais satisfatório que o leite imaginário é um exemplo disso. A fantasia pode ser muito assustadora, pois nela não existem freios. Amor e ódio podem ser vividos de forma exacerbada e destrutiva, tornando tudo muito perigoso e com consequências alarmantes.

Na realidade externa existem freios e nela é possível encontrarmos segurança, pois há limites e frustrações que são benéficas, dado que nos dão os parâmetros do real.

O mundo de fantasia pode ser extremamente rico e desenvolvido quando existe a aceitação do mundo real para apoiá-la. O subjetivo só pode ser usufruído se existir um paralelo com o objetivo.

Nos processos de constituição do eu, quaisquer falhas do ambiente serão prejudiciais para um desenvolvimento satisfatório do ser humano, pois o problema da não integração pode provocar o da dissociação, e um possível retardamento da personalização no início de vida pode causar a desintegração.

Portanto, o lugar da mãe é primordial no desenvolvimento do bebê desde o início da vida, mas para isso, ela deve ser capaz de ir de encontro às necessidades do bebê, identificando-se com ele. A seguir, Winnicott nos explica como isso acontece.

Preocupação materna primária

No percurso do desenvolvimento humano, é esperado logo após o nascimento de um bebê que a mãe permaneça voltada às necessidades dele e que possa representar para ele uma parte do próprio bebê. Essa experiência que envolve intimidade e sentimentos de afeição, entre outros, é chamada de preocupação materna.

Winnicott propõe uma discussão sobre a questão do relacionamento mãe-bebê em sua fase mais inicial e ressalta a importância desta fase para o desenvolvimento posterior do bebê e a formação de seu eu (*self*). O autor acredita ser de extrema importância levar em conta o lugar da mãe, pois a mãe é também parte do ambiente para o bebê nesse momento. Fala que existe algo que chamamos de ambiente não suficientemente bom, prejudicial ao desenvolvimento e de um ambiente suficientemente bom, que propicia ao bebê um desenvolvimento satisfatório, em que pode alcançar a cada etapa as satisfações, as ansiedades e os conflitos inatos pertinentes.

Observamos mães que têm maior facilidade para identificar as necessidades do bebê, para assim atendê-lo prontamente, mas como é possível conquistar esse verdadeiro "poder" das mães?

O autor explica que existe uma relação entre a mãe e seu bebê, a qual possibilita que a mãe saiba do que o seu bebê precisa para atendê-lo prontamente. Anna Freud usou o termo equilíbrio homeostático para descrever o que duas pessoas juntas tentam alcançar. Esse mesmo fenômeno recebe o nome de relacionamento simbiótico, mas em linguagem mais comum podemos falar que existe uma identificação entre a mãe e o bebê, a qual é consciente, mas também profundamente inconsciente.

Existem algumas condições necessárias para que uma mãe possa ser capaz de identificar-se com seu bebê. Por isso, Winnicott, antes de falar sobre o relacionamento mãe-bebê, fala de uma fase que a mãe deve passar, anterior ao parto, a qual considera ser de extrema importância para que a relação se construa.

No final da gravidez, antes do nascimento do bebê, a mãe entra num estado psicológico que o autor chama de preocupação materna primária e explica:

> "Gradualmente, esse estado passa a ser o de uma sensibilidade exacerbada durante e principalmente ao final da gravidez. Sua duração é de algumas semanas após o nascimento do bebê. Dificilmente as mães o recordam

> depois que o ultrapassam. Eu daria um passo a mais e diria que a memória das mães a esse respeito tende a ser reprimida."[3] (p. 401)

Segundo o autor, esta é uma condição organizada e que poderia ser comparada a um estado de retraimento, dissociação, fuga ou até um distúrbio em um nível mais profundo. A mãe deve alcançar esse estado de sensibilidade exacerbada, quase uma doença (e se não houvesse a gravidez, seria mesmo uma doença), mas deve ter saúde suficiente para entrar nesse estado e recuperar-se dele posteriormente. É necessário que a mãe possa desligar-se do mundo temporariamente, preocupando-se somente com seu bebê, sem que mais nada lhe cause interesse nesta fase, o que lhe dá condição de adaptar-se às necessidades do bebê nos primeiros momentos. No entanto, muitas mães não têm a capacidade de "contrair essa doença"*, tornando-se difícil renunciar de outros interesses nesta fase, ou, às vezes, podem conseguir com um filho e não com o outro.

O autor diz que a base para o estabelecimento do ego é o "continuar a ser" não irrompido por reações à intrusão e isso será suficiente apenas no caso de a mãe encontrar-se no estado de preocupação materna primária. Somente assim a mãe conseguirá sentir-se no lugar do bebê e corresponder com as suas necessidades, as quais no início são corporais e depois passam a ser necessidades do ego. Tudo isso faz com que o bebê tenha a capacidade de começar a existir e construir um ego pessoal, dominando seus instintos. Para isso, é imprescindível um ambiente suficientemente bom na fase inicial ou o "eu" do bebê pode nunca se desenvolver. É tarefa da mãe ajudar a construir um senso de continuidade e segurança que é essencial para o desenvolvimento saudável do bebê, evitando ao máximo que ocorra a falha materna, o que deixa de garantir o "continuar a ser" do bebê, provocando uma "ameaça de aniquilamento" e falha no desenvolvimento emocional.

Portanto, é primordial que a mãe possa entrar na fase de preocupação materna primária, o que facilitará que ela possa exercer a função materna para seu filho.

---

* Winnicott introduz a palavra doença "porque a mulher deve ter saúde suficiente tanto para desenvolver esse estado quanto para recuperar-se dele à medida que o bebê a libera. Caso o bebê morra, o estado da mãe repentinamente revela-se uma doença. A mãe corre esse risco"[3]. (p. 401)

Função materna e função paterna

Como já vimos anteriormente, no percurso do desenvolvimento humano, é esperado que, logo após o nascimento de um bebê, a mãe permaneça voltada às suas necessidades e possa representar uma parte do próprio bebê. Essa experiência que envolve intimidade, sentimentos de afeição e sintonia é chamada de preocupação materna. Para isso, a mãe desempenha algumas tarefas consideradas naturais como a identificação mãe-bebê, o toque pelo qual a criança vivencia o ambiente por meio da experiência de ser e a capacidade de relacionar-se com os objetos no ambiente no qual está inserido por meio do olhar e do contato com o outro.

A função materna, conceito desenvolvido por Winnicott[3], refere-se ao papel fundamental que a mãe desempenha no cuidado e desenvolvimento emocional e psicológico do bebê durante os primeiros meses de vida. De acordo com o autor, a mãe tem a importante função de ser um "ambiente facilitador" para o bebê, fornecendo cuidados amorosos e criando um ambiente seguro e confiável em que o bebê possa se desenvolver adequadamente.

Para exercer a função materna, é necessário que a mãe tenha entrado no estado de preocupação materna primária, pois assim ela é capaz de identificar-se com seu bebê para ser capaz de propiciar-lhe não apenas a satisfação das necessidades fisiológicas, como alimentação e higiene, mas todo um equilíbrio emocional para contê-lo e protegê-lo dos estímulos externos e internos, com os quais ainda não é capaz de lidar sozinho. Dessa forma, a mãe exerce uma função de paraexcitação desses estímulos, que podem ser muito perturbadores no início da vida, colocando-se como tradutora, intérprete e organizadora dos comportamentos de seu bebê. Assim, conhece cada vez mais sobre necessidades e seu ritmo, ajudando-o a desenvolver suas competências, para torná-lo autônomo em níveis mais evoluídos de seu funcionamento.

Além disso, Winnicott enfatiza a importância da mãe fornecer ao bebê um senso de "espaço transicional", um espaço intermediário entre o mundo interno do bebê e o mundo externo. Esse espaço é onde o bebê pode começar a experimentar a separação da mãe e a desenvolver um senso de individualidade.

Em resumo, a função materna de Winnicott nos traz a compreensão da importância do papel da mãe no desenvolvimento emocional e psicológico do bebê. Com o cuidado amoroso, é possível criar um ambiente seguro e confiável e, dessa forma, o desenvolvimento cognitivo e emocional do bebê se dá de maneira saudável e tranquila. Na falta da mãe, a função materna poderá ser exercida por qualquer pessoa que assuma os cuidados do bebê e possa proporcionar-lhe tudo de que precisa.

Para Winnicott[4], a mãe pode exercer um elemento feminino ou masculino na relação com o bebê; o primeiro refere-se à mãe que exibe sintonia e conexão com o bebê, já no segundo, a mãe ocupa um papel de executora de tarefas, aquela que cumpre com as obrigações.

A presença do pai nos cuidados e no desenvolvimento de um bebê é também de extrema importância para que tudo ocorra bem. A função paterna refere-se aos vários papéis que o pai assume, primordiais tanto para a mãe quanto para o bebê.

Para Winnicott[5], um dos primeiros papéis do pai após o nascimento do filho é propiciar um ambiente suficientemente bom, que transmita segurança e apoio à mãe, para que ela possa dedicar-se inteiramente ao seu bebê e desempenhar com tranquilidade sua função de cuidado. Nesse momento, o pai pode não ter um grande papel direto nos cuidados do filho, mas sua função é garantir que o vínculo mãe/bebê se estabeleça e que os cuidados necessários ocorram, sustentando assim, as funções maternas e assegurando esse ambiente considerado tão importante no desenvolvimento da criança.

Mais tarde, o pai deve assumir uma intervenção concreta, entrando na díade mãe/bebê e inserindo-se como um terceiro nesta relação. A princípio, ele oferecia todo suporte necessário para que mãe e bebê fossem um só, agora, começa a mover-se no sentido contrário, promovendo uma separação saudável entre eles. Com isso, é possível que ocorra o amadurecimento tão necessário do bebê como um ser único dotado de capacidades e competências.

Outro movimento promovido pela função paterna, salientado por Winnicott[6], é a atuação ativa do pai na vida da criança, a fim de contribuir no processo de desenvolvimento. A intervenção paterna atua como lei na relação, uma combinação que mistura as qualidades maternas, com a inserção das normas e regulamentos, permissões e proibições. O pai aparece aqui como alguém que sustenta a lei e o "não" da mãe. O autor nos fala que as crianças gostam de ouvir o "não", pois é o não que traz organização a elas por direcioná-las ao que é seguro e correto. Porém, para que se possa introduzir o "não" na educação dos filhos, é preciso que antes os pais possam assumir essa atitude firme com eles mesmos e tal segurança é construída a partir dos cuidados dirigidos a ele antes dessa fase. O pai precisa se fazer presente na vida do filho, dando apoio e afeto, para que posteriormente possa colocar-se de forma mais rígida com a criança[7].

Todavia, há discussões sobre a influência dos estilos parentais na relação com a criança quando há um superenvolvimento do controle materno, o qual pode decorrer da ansiedade da mãe, gerando também ansiedade na criança[8].

Kerns et al.[9] destacam em um estudo que baixos níveis de concessão de autonomia dos pais e excessivo envolvimento dos pais e responsáveis podem fazer com que a criança se sinta incapaz de navegar de forma independente em tarefas adequadas à idade. Isso sugere que altos níveis de controle parental podem contribuir para o desenvolvimento e/ou a manutenção da ansiedade infantil ao longo do tempo por meio do apoio parental de um estilo cognitivo ansioso e do reforço parental da evitação comportamental da criança. Além disso, o estudo capturou que as descobertas sugerem que o uso não qualificado de estratégias de regulação emocional por mães ansiosas pode ser um alvo digno de intervenções.

Portanto, para o desenvolvimento saudável de uma criança, é fundamental que os pais ou cuidadores possam exercer a função materna e a função paterna em completa sintonia, um complementando o outro.

A construção das relações familiares

As primeiras figuras que compõem o domínio social de uma criança são mãe e pai. Estes são responsáveis por proporcionar um ambiente adequado para que os processos de maturação possam ocorrer, como descrito no subitem anterior. Entretanto, Winnicott[10] discorre sobre as condições desfavoráveis que podem propiciar falhas na integração do indivíduo, como por exemplo: falta de experiências com sustentação ambiental, aquelas nas quais o bebê ora tem suas necessidades atendidas ora vivencia experiências de desilusão; tendência à despersonalização, processo no qual o indivíduo não desenvolve a capacidade de unir ego e corpo; dificuldade nas relações objetais, quando o ambiente não possibilita a apresentação de um objeto, o indivíduo passa a fixar-se na relação de dependência com a mãe e apresenta pouca confiança em experimentar o ambiente e se adaptar gradativamente a ele.

Nos casos de crianças e adolescentes com transtornos psiquiátricos, pode-se considerar que, além dos fatores de predisposição hereditária e genética, houve falha na sustentação ambiental. Os sinais de alerta quanto a alterações no desenvolvimento surgem quando o comportamento fica discrepante do que seria esperado para aquela faixa etária, seja quanto às características cognitivas ou emocionais. Conforme a criança começa a manifestar discrepâncias em seu comportamento, os pais podem optar por buscar orientação de profissionais, visando orientação quanto ao estilo de educação adotado.

O ambiente familiar pode contribuir de maneira positiva e negativa nos processos de desenvolvimento, um destaque observado na literatura foi o conceito de "acomodação parental", relacionado a angústia de crianças e adolescentes ansiosos. Esta acomodação dos pais refere-se ao envolvimento dos cuidadores em facilitar que a criança e o adolescente evite estímulos provocadores de ansiedade ou em aliviar o sofrimento causado pela ansiedade[11].

Em Benito et al.[12] formas frequentes de acomodação parental incluem fornecer segurança, permitir que a criança pule atividades quando estiver angustiada, e modifique as rotinas familiares quando necessário, aderindo às regras atribuídas pela criança sobre estímulos que provocam ansiedade. Além disso, a acomodação materna foi considerada parcialmente responsável pela relação entre ansiedade materna e infantil[13], fornecendo evidências preliminares de que a acomodação dos pais pode desempenhar um papel na transmissão intergeracional da ansiedade.

O'Connor et al.[14] identificaram que a acomodação dos pais não estava relacionada com sofrimento parental ou regulação emocional. Pais que viram seu filho como sendo mais sintomáticos, como, por exemplo, muito ansiosos, com predominância de sintomas externalizantes e mais intolerantes com as incertezas, eram mais propensos a se envolver em acomodação, ou seja, eles tendiam a facilitar que a criança evitasse as situações que provocavam ansiedade. Neste sentido, a percepção das mães sobre o sofrimento da criança foi mais relevante para a acomodação, pois aquelas mães que viam seus filhos como sintomáticos eram ainda mais propensas a se envolver em acomodação. Desta forma, conclui-se que as percepções dos pais sobre a sintomatologia infantil seriam um fator importante significativamente relacionado ao estabelecimento de um processo de acomodação comportamental. Este achado é essencial para se programar intervenções que possam instrumentalizar os pais no manejo de crianças e adolescentes com problemas de regulação emocional.

Desenvolvimento: da terceira infância à adolescência

Ao longo dos séculos, antes mesmo de pesquisadores iniciarem a utilização de métodos científicos para estudar mudanças relacionadas à idade, os filósofos propuseram explicações do desenvolvimento baseadas em observações da vida diária. Essas questões acerca do desenvolvimento humano procuram discutir variáveis internas e externas que influenciam neste processo, como maturação, momento da experiência, tendências inatas e restrições, genética do comportamento e interação gene-ambiente, aspectos estes que serão discutidos sequencialmente.

O desenvolvimentista Arnold Gesell (1880-1961) usou o termo maturação para descrever padrões de mudança sequencial geneticamente programados, e esse termo ainda é usado hoje uniformemente como por Gesell, Thelen e Adolph[15]. O padrão maturacional envolve três qualidades:

- Universal, aparece habitualmente em todas as crianças por meio de fronteiras culturais.
- Sequencial, abarca algum padrão de habilidade ou características em ampliação.
- Relativamente impermeável à influência ambiental. Em suma, essa variável tende a ocorrer independente de prática ou treinamento, salvo apenas a condições extremas, como subnutrição grave.

No que se trata do momento da experiência, os autores destacam sobre períodos sensíveis e períodos críticos genuínos, fazendo uma diferenciação entre os dois. O período sensível é o momento em que uma experiência em particular pode ser mais bem incorporada ao processo maturacional, enquanto um período crítico é aquele em que se espera que uma experiência aconteça, ou, ao contrário disto, um determinado marco do desenvolvimento nunca ocorrerá, como, por exemplo, na interação social, que é uma competência socioemocional sensível para o desenvolvimento de crianças e adolescentes. Uma criança que é isolada de outros seres humanos por sintomas ansiosos, como medo excessivo, durante esses anos não desenvolverá relacionamentos sociais normalmente, mas desenvolverá alguma função de socialização uma vez que os sintomas possam ser tratados.

Outro tipo de influência interna é descrito pelos conceitos de tendências inatas ou restrições no desenvolvimento. Teóricos não preconizam que os padrões de resposta absorvidos por estas tendências fixem até o final da história do indivíduo; a priori, eles os veem como o ponto de partida. O desenvolvimento é o resultado da experiência selecionada através dessas tendências iniciais, contudo, aquelas tendências reduzem as oportunidades de vias evolutivas possíveis[15-17].

O conceito de maturação e a ideia de tendências inatas procuram explicar padrões e sequências do desenvolvimento que são similares para todas as crianças. Concomitantemente, o ambiente contribui para variações de um indivíduo para outro. Dentre uma das principais contribuições que podemos encontrar está a genética do comportamento. Para exemplificá-la, Bee e Boyd[14] destacaram duas técnicas de pesquisa principais – o estudo de gêmeos idênticos e fraternos separados ao nascimento e o estudo de crianças adotadas. Sendo que no primeiro caso, são observadas características ao longo do desenvolvimento em ambientes diferentes; e no caso de crianças adotadas, comparar o grau de semelhança entre a criança adotada e seus pais biológicos (com os quais ela compartilha genes, mas não ambiente) ao grau de semelhança entre a criança adotada e seus pais adotivos (com os quais ela compartilha ambiente, mas não genes). Os resultados encontrados por geneticistas do comportamento demonstraram que a hereditariedade afeta uma variedade eminentemente ampla de comportamentos[18]; que incluem funcionamento intelectual, social e emocional.

A herança genética de uma criança também pode afetar seu ambiente, um fenômeno que poderia ocorrer por meio de qualquer um ou de ambos os caminhos. No primeiro, a criança herda os genes de seus pais, que criam o ambiente no qual ela está crescendo; todavia, uma herança genética pode antecipar alguma coisa sobre seu ambiente.

Na pesquisa realizada por Caspi e Moffitt[19], observou-se que quando as mães apresentavam maior índice de sintomas psicoemocionais, as crianças tendiam a herdar características psicoemocionais semelhantes. O padrão único de qualidades herdadas de cada criança afetaria a forma como ela se comportaria com outras pessoas, em virtude disso, afetaria ainda a forma como adultos e os pares responderiam a elas. Foi possível perceber diante das escalas respondidas pelas crianças e adolescentes que as interpretações de suas experiências eram afetadas por todas as suas tendências herdadas, incluindo temperamento ou patologia, como estavam também relacionadas a disfunção familiar e preocupações somáticas.

Desta forma, fica claro que o desenvolvimento ao longo da vida depende de uma variedade de aspectos, os quais vão desde a genética, perpassam a condição ambiental e culminam com a formação dos aspectos cognitivos, emocionais e psicossociais, que modulam o comportamento de forma global. Todos estes fatores são determinantes para a saúde mental.

Aspectos do desenvolvimento físico e cognitivo

O desenvolvimento cognitivo pode ser mensurado por meio de testes de quociente de inteligência (QI) e são prognosticadores significativos de desempenho escolar e anos de educação. Entretanto, variáveis relacionadas à condição emocional podem interferir no funcionamento intelectual, levando a discrepâncias entre o potencial cognitivo e a eficiência na vida prática.

Segundo Bee e Boyd[15], crianças de famílias de classe média tendem a ter mais oportunidades de acesso a materiais de jogo adequados e são encorajadas quanto ao desenvolvimento intelectual, obtendo escores mais altos em testes de QI. Crianças de famílias grandes podem estar sujeitas a uma diluição de recursos familiares que produz escores de QI sucessivamente mais baixos em cada filho, assim como a influência ambiental é demonstrada por aumentos em testes de desempenho ou no sucesso escolar entre crianças que estiveram em programas enriquecidos de pré-escola ou creche.

As crianças que participam desses programas também têm menos probabilidade de necessitar de serviços de educação especial e mais probabilidade de se formar no ensino médio. No entanto, além de discussões a respeito das diferenças de classe econômica e social, pesquisas têm apontado o impacto do estado de saúde mental das mães no desenvolvimento emocional e cognitivo das crianças. Somam-se a isso fatores relacionados com baixa educação materna, ou de ambos os pais, comportamento antissocial, tabagismo, sofrimento psicológico, depressão grave ou problemas com álcool e uso indevido de substâncias, traços de personalidade antissocial ou envolvimento em atividades criminosas, conflito conjugal, ruptura ou violência no meio familiar.

Todos estes aspectos podem impactar no desenvolvimento cognitivo e emocional, trazendo problemas na vida acadêmica e social[20-22].

Considerando que a influência ambiental é um fator que impacta o desenvolvimento cognitivo e emocional, é importante entender o que teorias a este respeito preconizam como sendo um ambiente ou experiência favorável em termos relacionais.

Desenvolvimento psicossocial

Dentre os aspectos psicossociais de relevante importância está o desenvolvimento das habilidades sociais. O entendimento da criança e do adolescente sobre si mesmo e dos outros, dos relacionamentos sociais, reflete ou é baseado em seu nível global de desenvolvimento cognitivo, tal como seu nível de habilidades de tomada de perspectiva[23-25].

Partindo desse pressuposto, a cognição social das crianças poderá desenvolver-se em algumas direções[15].

- **De características externas para internas:** crianças menores prestam atenção à superfície das coisas, observam como elas se parecem; enquanto crianças mais velhas procuram princípios e causas (pensamento concreto *vs* abstrato).
- **De observação para inferência:** crianças menores inicialmente baseiam suas conclusões apenas no que elas podem ver e sentir. Quando crescem, fazem inferências sobre o que deveriam ser ou o que poderiam ser (sensorial *vs*. hipotético).
- **De definitivo para qualificado:** as "regras" das crianças pequenas são muito definitivas e fixas (tal como regras de papel sexual). Na adolescência, as regras começam a ser qualificadas (combinados e diálogo).
- **De visão do observador para visão geral:** com o tempo, as crianças se tornam menos egocêntricas – menos ligadas a suas visões individuais, mais capazes de construir um modelo de alguma experiência ou algum processo que seja verdadeiro para todos (empatia, controle emocional).

Com base nestes possíveis direcionamentos, é possível considerar que as crianças, quando são ainda pequenas e temperamentalmente inibidas, mas que formaram um apego seguro com suas mães, conseguem observar as inferências externas e internalizam as regras e combinados, tendendo a apresentar pouco ou nenhum sinal de temor em um ambiente novo.

Um dos estudos realizado pela Organização para a Cooperação e Desenvolvimento Econômico (OCDE) e publicado em 2015 aponta que uma criança que frequenta a pré-escola nos Estados Unidos com ensino das competências socioemocionais (CSE) com ênfase no autocontrole tem 12% menos risco de sofrer *bullying* até o final do ensino fundamental. O relatório ressalva que diferentes contextos socioeconômicos podem afetar a comparação de análises. Associando ainda mais à vida escolar, o relatório do Pisa 2015 recomenda que autoconfiança e motivação levam a um melhor domínio da língua materna.

Em Ferraz et al.[26], verificou-se a interação de múltiplos fatores de risco em jovens brasileiros de 7 a 14 anos, dentre eles, pobreza, doença psiquiátrica materna e violência familiar, dando ênfase à fatores de risco familiares, como estresse nos pais, má disciplina familiar, uso de castigo físico, desarmonia parental e violência conjugal.

Ao que se trata do desenvolvimento psicossocial, esta é a fase na qual o indivíduo busca por sua identidade em grupos, em geral formado pelos colegas da escola. Os amigos passam a exercer influência que pode ser positiva ou negativa. A compreensão das crianças torna-se mais complexa, especialmente ao estabelecer referências de autoestima. Somado a isso, o controle dos próprios atos e das atividades passa a não ser mais responsabilidade exclusiva dos pais e são propagados para as crianças. Os colegas assumem grande importância nesta fase, havendo uma valorização das relações afetivas. Somado a isso, Erikson[27-28] destaca nos adolescentes a preocupação com aparência, humor instável e reatividade mais aparente frente às situações.

Estilos parentais

Estilos parentais são um conjunto de atitudes, comportamentos, hábitos e exemplos dados aos filhos pelos pais ou responsáveis, que se traduzem em modelos mais ou menos definidos de interação, monitoramento e práticas educacionais.

A definição dos tipos de estilos parentais foi proposta conceitualmente pela psicóloga americana Diana Blumberg Baumrind na década de 1960. A conceituação dos diversos tipos de modelos e práticas parentais foram desenvolvidas e aperfeiçoadas tanto por Baumrind em pesquisas posteriores quanto por outros psicólogos nas décadas seguintes.

Atualmente, trabalha-se com três categorias de estilos parentais: autoritativo, autoritário e permissivo, esse último dividido entre permissivo negligente e permissivo indulgente.

É importante lembrar que a família, em sua estrutura, papéis e atribuições, vem enfrentando mudanças nas últimas décadas, e em decorrência disso, os pais frequentemente encontram-se confusos sobre qual modelo educacional melhor se adequa para sua família. A oscilação dos papéis parentais e filiais em relações que ora são excessivamente verticais, ora excessivamente horizontais e os próprios modelos aprendidos pelos indivíduos que agora compõe novas famílias parecem ser os principais desafios na hora de criar o próprio ambiente e delimitar as funções necessárias para a criação dos filhos.

Práticas educativas positivas e negativas: consequência no comportamento dos filhos

É importante separar os conceitos de estilos parentais das práticas educativas. O estilo parental abrange todo o ambiente proporcionado pelos pais, como, por exemplo, abertura ao diálogo, flexibilidade ou qualidade do relacionamento conjugal. Em suma, diz sobre a disposição e energia que os pais direcionam para o relacionamento com os filhos. As práticas educativas são uma parte do estilo parental, e são delimitadas por atitudes mais específicas e mensuráveis. São consideradas sete práticas. Cinco delas são consideradas negativas: negligência, punição inconsistente, disciplina relaxada, monitoria negativa e abuso físico. Já outras duas são consideradas positivas: comportamento moral e monitoria positiva.

O predomínio de práticas educativas negativas em detrimento das positivas está associado à criação de crianças com baixa autoestima, drogadição, fracasso e evasão escolar e comportamentos antissociais. Já o oposto indica, em geral, crianças e adolescentes que relatam maior sensação de bem-estar generalizado, adaptação escolar e maior probabilidade de estabelecimento de laços amorosos saudáveis e gratificantes no futuro.

Pensando nos pressupostos de educação e como colocá-los em prática, os pais adotarão práticas diferentes que constituem os estilos parentais, dentre eles:

Permissivo

Os pais apresentam-se muito reforçadores, porém com consequências inconstantes. Com isso, os filhos desenvolvem pouca capacidade de empatia; são mais propensos a agressividade (tanto no contexto familiar quanto no social público); tendem a apresentar dificuldade na aquisição de habilidades sociais (por exemplo as que envolvem assertividade e civilidade). Assim promove desenvolvimento de autonomia, mas de maneira negativa, pois desconsidera combinados e regras.

Autoritário

São pais que exercem controle excessivo na vida dos filhos, com ênfase na adolescência; comportamento dos pais não é suficiente diante das necessidades dos filhos. São pais inconstantes, oscilam em proporcionar experiências boas e más para os filhos, dificultando o enfrentamento de desafios e obstáculos ao longo da vida. Podem se tornar pessoas hostis ou submissas; ansiosos para lidar com situações estressoras; problemas de ajustamento no comportamento devido à restrição no repertório de habilidades sociais. Excede no quesito controle, promovendo um ambiente pouco acolhedor.

Democrático

Pais que exercem controle excessivo na vida dos filhos, com ênfase na adolescência. Os comportamentos dos pais não são suficientes diante das necessidades dos filhos; são pais inconstantes, oscilam em proporcionar experiências boas e más para os filhos, dificultando o enfrentamento de desafios e obstáculos ao longo da vida.

Os filhos podem se tornar pessoas hostis ou submissas, ansiosos para lidar com situações estressoras. Podem apresentar problemas de ajustamento no comportamento em decorrência da restrição no repertório de habilidades sociais. Com isso, propicia continência e diálogo entre pais e filhos.

Práticas educativas positivas

As práticas educativas são um conjunto de técnicas e estratégias usadas pelos pais no contexto da socialização, educação e vigilância da criança. São descritas sete práticas ao todo, duas relacionadas ao bom desenvolvimento e socialização da criança (práticas positivas), e outras cinco frequentemente relacionadas com problemas de socialização e adaptação infantil (práticas negativas).

Comportamento moral

Até aproximadamente os sete ou oito anos, é esperado que o comportamento moral da criança se desenvolva inicialmente como uma subordinação à autoridade parental. Ou seja, a criança possui um senso de obediência devido a certo temor das consequências dos seus atos, pelas punições que possa vir a sofrer. As noções de justiça são mais ligadas a uma lógica de retribuição, onde as punições são utilizadas em detrimento de um tratamento igualitário. A segunda etapa do desenvolvimento do comportamento moral sadio seria a construção de uma moral voltada para a autonomia e o respeito mútuo. Aqui, espera-se que os pais possam direcionar a criança para a compreensão dos seus atos num sentido global, suas consequências para as outras pessoas e para as demandas objetivas de uma situação, ao invés de simplesmente aplicar sanções punitivas sobre ela. Se, por outro lado, a autoridade parental utilizar ostensivamente técnicas de coerção, punição física, ameaças, enfim, aplicarem diretamente sua força sobre a criança, ela, provavelmente, terá dificuldades de desenvolver um senso de justiça interno, pois os pais reforçam que a vigilância moral é uma questão externa.

O uso da disciplina indutiva ao invés da disciplina coercitiva exige que os pais transmitam noções de honestidade, justiça, compaixão, além de explicarem sobre as regras e sua importância, o que são valores e princípios, e o impacto das consequências das atitudes das crianças sobre elas mesmas e os outros. Além do desenvolvimento do comportamento moral, tais práticas podem auxiliar no desenvolvimento do raciocínio, da autoestima e da autonomia.

Monitoria positiva

A monitoria positiva pode ser definida como técnicas de controle e de obtenção de informação sobre paradeiro dos filhos, as atividades que se engajam e as suas companhias, sem exercer uma fiscalização excessiva. Para que a monitoria positiva possa acontecer de maneira saudável, é esperado que os pais apresentem à criança informações claras sobre quais lugares podem frequentar, o tipo de companhia que aprovam e desaprovam e o tempo que dispõe para a realização de suas atividades (combinados de hora de volta para casa, ou delimitação de tempo disponível para certas atividades). É importante estabelecer a diferença de uma fiscalização e controle automáticos com um verdadeiro interesse na vida dos filhos, que exige também disponibilidade para escutar suas dúvidas e necessidades e disposição para auxiliá-los em seus problemas.

Quando do descumprimento das regras previamente expostas, é esperado que os pais apliquem ações disciplinares efetivas. Novamente, enfatiza-se que uma sanção disciplinar pode acontecer sem uso de elementos agressivos ou coercitivos, e, idealmente, que os pais possam oferecer explicações adequadas sobre as razões para essa medida. O que nos parece importante é que se transmita para a criança a sensação de que ela está sendo cuidada, e não arbitrariamente punida.

Práticas educativas negativas

Disciplina relaxada

A disciplina relaxada, como o próprio título prediz, se traduz no afrouxamento do controle dos filhos. Ou seja, os pais estabelecem as regras e limites, mas quando os filhos os descumprem, retiram-se da situação, e não aplicam ações disciplinares proporcionais. Mesmo que esse afrouxamento possa parecer num primeiro momento como um ato de benevolência ou perdão, a falta de monitoramento e reação proporcional à inadequação comportamental dos filhos pode levá-los a acreditar que as regras não necessariamente precisam ser cumpridas, que as autoridades não precisam ser respeitadas, que burlar as regras pode ser uma maneira adequada de conseguirem os que querem e, até mesmo, à percepção de que os pais podem ser manipulados a fim de evitar punições para si.

Punição inconsistente

A punição inconsistente pode ser definida como a aplicação de sanções disciplinares não proporcionais às atitudes e comportamentos dos filhos, e sim subordinadas aos humores dos pais. A inconstância do consequenciamento dos comportamentos das crianças atinge, sobretudo, o senso de discriminação de certo e errado e a avaliação que suas ações têm sobre os outros. A criança aprenderá a diferenciar os humores dos responsáveis, ao invés de desenvolver um senso de justiça. Tal situação frequentemente gera a permanência dos comportamentos inadequados, pois o educando aprenderá a discriminar a situação em que estes podem ocorrer, e não o conceito de comportamentos morais. Por exemplo, quando os pais dizem aos filhos que não podem utilizar palavras de baixo calão para se referirem aos outros, mas utilizam essas expressões livremente em momentos de discussão com os outros.

Abuso físico

O uso de técnicas corporais como punição e que geram machucados nas crianças caracterizam o abuso físico. Pode-se fazer uma distinção entre punição corporal e abuso físico, sendo essa primeira identificada como o uso de força para disciplinar a criança, com intenção de fazê-la sentir dor, mas não ser machucada. Entretanto o uso das punições corporais é amplamente desaconselhado, pois a linha que separa o uso instrumental da prática física como medida disciplinar para um uso impulsivo, onde verifica-se o descontrole emocional do aplicador, é muito tênue. Além disso, é frequente que crianças que apanham desenvolvam sentimentos de medo e raiva dos pais, e que a agressividade seja incorporada no repertório da criança como uma maneira aceitável de expressão.

Existe uma ampla literatura que relaciona problemas de conduta em adolescentes e adultos que foram educados com o uso de severidade em punições físicas.

Negligência

A negligência parental se caracteriza por uma falta de responsividade dos pais para com os filhos. Frequentemente, ignoram seus comportamentos, falham em prover cuidados básicos para as crianças, como vestimenta, alimentação, higiene e cuidados para a saúde, e respondem pouco para as tentativas de aproximação dos filhos. Retiram-se do papel parental e das situações difíceis, e não reconhecem suas responsabilidades. Pode-se relacionar a negligência com falta de amor e afeto dos pais para com as crianças.

A prática da negligência pelos pais está relacionada com o desenvolvimento de sentimentos de baixa valia nos filhos, insegurança e sensação de vulnerabilidade. Em decorrência do baixo envolvimento dos pais na educação e socialização dos filhos, estes provavelmente terão habilidades sociais deficitárias e podem buscar afeto de maneiras inapropriadas, através da agressão, por exemplo. Se falharem, a sensação de rejeição pode ser ainda maior. Enfim, a negligência, se ainda associada a outras práticas negativas, parece predispor à inabilidade do desenvolvimento da empatia, pois se as necessidades básicas da criança não são atendidas, dificilmente ela desenvolverá um senso de que os sentimentos e bem-estar de outras pessoas importam ou devam ser levados em consideração.

Monitoria negativa

A monitoria negativa é uma extensão da monitoria onde é exercido um controle invasivo e excessivo dos filhos, gerando hostilidade e prejudicando o desenvolvimento da autonomia do educando. Essa prática frequentemente ocorre entre pais que repetem ordens excessivamente, na tentativa de controlar situações e acontecimentos corriqueiros, revelando assim certa desconfiança dos filhos. Estes, por sua vez, tornam-se irritados e sentem-se invadidos com tantas ordens paternas e a desobediência do estabelecido é frequente. Não sendo capaz de aplicar as punições para todas as desobediências identificadas, o ciclo acaba se repetindo, e o relacionamento entre pais e filhos torna-se hostil, estressante e pouco permeável para tentativas de comunicação mais genuínas.

A monitoria negativa é uma prática que se evidencia na adolescência, por ser a fase em que começa a ser criado um senso de identidade separado dos pais. Assim, a independência e a autonomia começam a ser testadas. A persistência dessa prática pode estar associada a uma tentativa de controle da autonomia do adolescente pelos pais, ou então a conflitos que se desenvolvem por conta da disciplina severa utilizada previamente. Associações com surgimento de questões como insegurança e ansiedade e essa prática são encontradas na literatura.

Pressupostos para educar

Ensinar a viver com limites

Visando o equilíbrio dos estilos parentais e adequação das práticas educativas, algumas técnicas podem ser colocadas em prática, como dialogar, ouvir atentamente e empatizar com o filho. O primeiro infere a conexão entre pensamentos e emoções, além de ser um modo de dar limites por meio da apresentação aos filhos de limitações práticas e éticas que podem se sobressair nas experiências. O segundo envolve entender as motivações, medos e sonhos, para identificar pensamentos e emoções. E, por fim, entender com legitimidade os sentimentos alheios[29].

Diante destes passos colocados, cabe pensarmos em como estabelecer os limites na prática, levando em consideração a ocasião, o impacto envolvido e a mudança que se deseja alcançar.

Hanns[29] propõe que os limites se interligam e podem transformar atitudes e comportamentos, por meio de um processo que compreende três momentos sequenciais:

- Impor que o comportamento cesse e explicar que a partir daquele momento uma mudança de atitude será exigida.
- Impor uma conversa de conscientização, na qual o problema é apresentado e mostra-se por que é necessário um comportamento mais adequado.
- Comprometer o filho no projeto de mudança, deixando claro que o comportamento inadequado não será mais aceito.

A partir do século XX, as relações humanas, bem como a educação, apresentaram mudanças significativas. A criança, que até então quase não tinha espaço de expressão, passou a ocupar um lugar diferente e conquistar uma nova forma de existir na cultura.

De uma educação mais rígida e dura, baseada no medo, passamos a uma nova forma de educar, mais flexível e compreensiva, baseada no diálogo e respeito. Assim, a criança passa a ter um papel de maior importância nas famílias e na sociedade, sendo possível expressar e demonstrar opiniões e sentimentos.

Percebe-se, então, que as tão famosas surras de antigamente e os terríveis castigos que eram aplicados às crianças são ineficientes. As punições, em certos casos, podem até mudar um comportamento indesejado ou inadequado, porém a criança mudará seu comportamento porque ficará aterrorizada pelo medo, sem saber do que aquele adulto será capaz. Os adultos responsáveis deveriam ser as figuras mais confiáveis para uma criança, mas dessa forma, passam a ser carrascos, ameaçando-lhes a vida.

A criança deve deixar de fazer algo que seria negativo ou até mesmo perigoso, porque compreende sobre as possíveis consequências de seus atos e qual seria o melhor comportamento em casa situação vivenciada. Para isso, é preciso que conheça sobre as normas e regras no meio a que está inserida, compreendendo bem os limites que lhe são colocados.

Porém, para muitas famílias, a necessidade de impor regras e limites foi muito mal compreendida nas últimas décadas, sendo por vezes, interpretada como rigidez e dureza e para fugirem do risco de serem como as gerações anteriores, constroem um novo pensamento, onde a permissividade e liberdade devem ser a base para a educação. A grande missão para essas famílias passa a ser "proteger os filhos ao extremo para que não sofram ou sejam contrariados". Para que isso seja possível, é preciso então, suprir-lhes todas as necessidades e desejos, impedindo que se frustrem ou passem por qualquer dificuldade e, dessa forma, a palavra "não" vai saindo de cena, sendo cada vez mais difícil para os pais, impor proibições.

Mas tudo tem um preço. A permissividade exacerbada na educação e a falta do "não" trazem sérias consequências no desenvolvimento emocional dos filhos, pois perde-se a noção de autoridade e alteridade dentro da família, e todos os integrantes passam a ser iguais. Sem a possibilidade de diferenciar-se uns dos outros, cada integrante acaba por assumir os mesmos papéis e perde-se com isso as referências dentro da família. Com isso, as crianças se veem, muitas vezes, responsáveis pela própria educação, devendo fazer escolhas e tomar decisões que ainda não são capazes e cada vez mais surgem crianças inseguras, que vivem grande sofrimento.

Mas se o conceito de regras e limites fosse mais bem compreendido na sua essência, seria possível que pais e filhos pudessem ocupar seus reais papéis na família, o que traria confiança e segurança para as relações e o amor pudesse ser vivido com tranquilidade. Por isso, é de extrema importância a compreensão sobre o tema limites na educação, o qual traremos a seguir.

O que é limite?

A palavra limite, se mal compreendida, pode causar uma impressão bastante negativa para muitos pais e cuidadores. Associações como limitação, limitador, falta de liberdade ou proibição podem confundir com o real significado do conceito de limite na educação.

Limite na educação é compreendido como orientação, direção, norma ou critério, além de um sentido de proteção e segurança. É basicamente ensinar para uma criança o que pode ser feito e o que não pode ser feito.

Todo bebê ao nascer, nada conhece sobre o viver social e familiar, cabe aos pais a função de ensinar através de modelos e orientações, sobre as regras, normas e valores necessários para que os filhos possam crescer e sociabilizar. A partir dos conceitos morais que regem cada família e das normas sociais que organizam uma cultura, cria-se os preceitos que todos devem seguir. Dessa forma, a criança começa a compreender a realidade em que vive e, ao passo que internaliza conceitos, pode construir as estruturas psíquicas tão necessárias para lidar com tudo na vida.

Os limites devem ser sempre ensinados de forma que as crianças possam compreender, de acordo com sua idade. Em alguns momentos, as proibições são necessárias para orientar os filhos no caminho que devem seguir. O "não" é também muito importante na educação, pois tem uma função organizadora e reguladora de comportamentos e afetos, dando para a criança a continência necessária para a construção de suas estruturas psíquicas necessárias para um desenvolvimento saudável. Limites devem ser dados sempre de forma clara e direta, e pais e cuidadores devem agir com segurança, firmeza e coerência de um lado e carinho, amor e afeto de outro.

Ao dar limites aos filhos, ensinamos a eles sobre direitos e deveres, mostrando que existem outras pessoas no mundo a quem devemos respeitar. Dar limites é também dizer para as crianças o que elas podem ou não fazer, ensinando-as com isso a tolerar pequenas frustrações, pois o mundo não é como queremos. Sem limites em nossa vida, tudo seria muitíssimo difícil e angustiante. Seria como se tivéssemos que jogar um jogo sem saber quais são as regras e objetivos. Como então saber quais movimentos devemos fazer a cada jogada?

Como poderemos planejar estratégias para ganhar? Sem regras somos pessoas inseguras, nos sentindo cada vez mais incapazes. Por isso, quando o limite não é dado aos filhos, tudo fica muito assustador, pois se sentirão perdidos e sem rumo, apresentando, muitas vezes, descontrole emocional, histeria, ataques de raiva, birra, entre outros sintomas que causam imensa dor e sofrimento.

É preciso que os pais confiem no amor de seus filhos e acreditem em suas capacidades para suportar as frustrações tão necessárias à vida.

Winnicott[6] nos diz que:

> "Frequentemente ouvimos falar das frustrações muitíssimo reais impostas pela realidade externa, mas com muito menos frequência ouvimos falar algo sobre o alívio e a satisfação que ela proporciona."

Portanto, só é possível construir as estruturas psíquicas para tolerar frustrações, aquele que pode se frustrar, ou seja, só aprende a se frustrar aquele que se frustra.

Pais que são firmes e dão limites o tempo todo demonstram preocupação e amor, fazendo com que a criança se sinta amada e cuidada. Pais que não dão limites e deixam seus filhos fazer o que bem entendem demonstram falta de cuidado e despreocupação, fazendo com que os filhos se sintam ignorados e abandonados. Durante a infância e a adolescência, os filhos estão construindo estruturas e recursos emocionais para lidar com as situações da vida, por isso precisam de adultos responsáveis que os amem, cuidem e protejam.

FINALIDADE DO PROGRAMA

Este programa consiste em uma intervenção psicoeducacional para identificar as necessidades, as possíveis barreiras, os objetivos da intervenção, a relevância das informações passadas e as responsabilidade dos pais no processo.

Para o psicólogo, identificar o déficit de habilidades e estabelecer metas que podem ser alcançadas por meio de técnicas de abordagem da família e dos pais.

ESTRUTURA E DESENVOLVIMENTO DO PROGRAMA

Como utilizar o material

O manual foi elaborado como um instrumento mediador para promover a reflexão sobre a relação entre pais e filhos, assim como estimular o estabelecimento de diálogos com conexão e a compreensão das relações interpessoais.

Seguem as regras gerais para todas as sessões:

- Orientação inicial: todas as sessões começam com a leitura e discussão dos passos das práticas educativas, apresentados no tópico anterior.
- Tarefa: explicação da atividade a ser executada e posteriormente discutida.
- Encerramento: após cada atividade, incentiva-se realizar uma discussão sobre o objetivo da sessão e possíveis dúvidas relacionadas à tarefa para casa.

SESSÕES

SESSÃO 1 – PSICOEDUCACIONAL

Objetivo de aprendizagem
Sensibilizar os pais a partir de memórias vivenciadas em suas experiências familiares e explicar o que são os estilos parentais.

Material
Cartas (slides 1.2 e 1.3, págs. 65 e 66) com as perguntas escritas, uma caixa.

Quebra-gelo

Caixa de Recordações

Ao som de uma música, forma-se um círculo. Dentro de uma caixa, colam-se cartões com perguntas que remetam à memória afetiva (slides 1.2 e 1.3, págs. 65 e 66).

- Conte uma receita que aprendeu na sua família
- Qual é o seu sonho?
- Qual é sua melhor lembrança de uma viagem em família?
- Qual é o seu maior desafio atualmente?
- Você utiliza redes sociais? Comente.
- Conte uma situação na qual sentiu medo de seus pais.
- Conte uma situação na qual sentiu orgulho de seus pais.
- Qual o seu maior desejo com relação ao seu filho?
- Conte um valor que aprendeu e transmitiu ao seu filho.
- Quais fatores você considera importantes para estabelecer limites?

Mediação

Se não for uma lembrança na família nuclear, as memórias podem ser recuperadas na família estendida e/ou amigos e pessoas próximas. Se a pessoa se recusar a responder, sugerir que não precisa responder e para aproveitar o momento com as experiências dos demais.

Procedimentos

Apresentação sobre os papéis de mãe e pai

Um bebê não pode existir sozinho, pois é parte essencial de uma relação. É a função materna, na existência de uma mãe suficientemente boa, que o constituirá como indivíduo, apresentando o mundo em pequenas doses. Para Winnicott, o bebê precisa de uma mãe com o elemento masculino, que faz e executa os cuidados direcionados a ele, e também de uma mãe com o elemento feminino, podendo ser e estar atenta às suas necessidades. É a união dos dois elementos que possibilitará o *holding*. Ao pai, em sua função paterna, cabe dar suporte à mãe para que ela possa regredir à preocupação materna primária. Posteriormente, irá proporcionar o afastamento necessário entre mãe e bebê. (*slide* 1.4, pág. 66)

Os estilos parentais são compostos por certas práticas utilizadas pelos pais na educação dos filhos, estas podem contribuir para o desenvolvimento de comportamentos antissociais ou o desenvolvimento de comportamentos pró--sociais de crianças e adolescentes. O objetivo deste manual é identificar como estas práticas estão sendo administradas pelos pais e assim propiciar orientação e intervenção daquelas que devem ser modificadas, mantidas ou otimizadas, por exemplo.

SESSÃO 2 – CONHECENDO AS PRÁTICAS EDUCATIVAS

Objetivo de aprendizagem
Apresentar as práticas educativas parentais utilizadas pelos cuidadores e discutir as estratégias específicas utilizadas por cada um deles em diferentes contextos.

Material
Cartão com a história impressa para a fase de quebra-gelo (*slides* 2.1 e 2.2, pág. 67).

Quebra-gelo

"Agora, vocês irão ouvir uma história. Cada vez que for mencionado o nome de um pássaro, todos, sentados, devem erguer a mão direita como se ela estivesse flutuando sozinha, imitando um pássaro em voo. Se for mencionado um grupo de pássaros, ambas as mãos deverão flutuar e todos devem ficar em pé. Se for mencionado um animal que não voa, todos devem ficar sentados, com as mãos sobre os joelhos, batendo os pés no chão."

Era uma vez...

"Esta manhã levantei-me cedo. O dia estava magnífico. O sol de primavera animava toda a natureza e os pássaros [duas mãos e em pé] cantavam sem cessar.

Ao abrir a janela do quarto, um pardal [mão direita e sentados], sem cerimônia, invadiu a casa, pondo o gato [mãos no joelho, batendo os pés] em polvorosa.

O papagaio [mão direita e sentados] que estava no jardim de inverno irritou-se com a correria do gato [mãos no joelho, batendo os pés] e pôs-se a berrar, assustando os canários [duas mãos e em pé], que tranquilamente cantavam em suas gaiolas.

(continua)

(continuação)

O pardal [mão direita e sentados] acabou saindo pela janela por onde entrou, deixando o gato [mãos no joelho, batendo os pés] mais tranquilo, que foi brincar com o cachorro [mãos no joelho, batendo os pés], já resignado com a perda de seu pardal [mão direita e sentados] que planejava ter para o café da manhã.

Sucessivamente acalmaram-se o papagaio [mão direita e sentados] e os canários [duas mãos e em pé]. Continuando a contemplar a natureza, observei que se aproximou de um lindo vaso de flores um beija-flor [mão direita e sentados].

Aí pensei comigo: 'Vai começar tudo de novo…' O gato [mãos no joelho, batendo os pés], felizmente, nesta altura se mantinha concentrado brincando com o cachorro [mãos no joelho, batendo os pés] e não percebeu a aproximação do beija-flor [mão direita e sentados].

O papagaio [mão direita e sentados] se divertia com uma corrente pendurada em sua gaiola e os canários [duas mãos e em pé] cantarolavam mais tranquilamente em suas gaiolas, saudando o lindo dia que iniciava e o cachorro [mãos no joelho, batendo os pés]." (*slides* 2.1 e 2.2, pág. 67)

Procedimentos

- Devolutiva sobre os instrumentos individuais.
- Aplicação do quebra-gelo.
- Apresentação das sete práticas educativas[30] (*slides* 2.3 a 2.5, págs. 68 e 69).

Práticas educativas positivas

- Monitoria positiva: comportamentos parentais que englobam atenção e afeto na disciplina dos filhos.
- Comportamento moral: transmissão de valores para o desenvolvimento moral da criança por meio de respeito mútuo.

Práticas educativas negativas

- Abuso físico: punição corporal.
- Disciplina relaxada: não cumprimento de regras estabelecidas.
- Monitoria negativa: ordens excessivas dadas aos filhos e relação baseada em hostilidade, insegurança e dissimulações.
- Negligência: pais não responsivos e que se retiram das situações difíceis.
- Punição inconsistente: não transmissão de valores morais e poder educativo associado a humor instável.

Encerramento

Reforçar a importância de estabelecer estratégias específicas levando em consideração o contexto de cada situação.

Para casa

Trazer vinhetas (trechos filmados). Demonstrar que certas situações criam demandas para comportamentos interpessoais positivos, sendo "naturalmente" reforçadores para todos.

SESSÃO 3 – INVENTÁRIO DE ESTILOS PARENTAIS

Objetivo de aprendizagem
Aplicar e traçar os estilos parentais.

Material
Inventário impresso e folha de correção.

Procedimentos

Sugere-se aplicar o Inventário de Estilos Parentais (IEP) – Paula Inez Cunha Gomide logo no início da sessão (*slides* 3.1 a 3.4, págs. 69 a 71). O terapeuta deve orientar sobre o preenchimento da escala e o sigilo dos dados, que não serão compartilhados no grupo. O inventário para o terapeuta é um guia de trabalho, sem expor pontuação.

Em seguida, explicar aos pais o que são as práticas educativas, sendo duas consideradas positivas (monitoria positiva e comportamento moral) e cinco negativas (abuso físico, disciplina relaxada, monitoria negativa, negligência e punição inconsistente).

Mediação
- Positivas = habilidades.
- Negativas = fragilidades (trabalhar: acolhimento, flexibilidade mental).

Encerramento

Orientação ao terapeuta para que entenda a pontuação obtida na escala de estilos parentais

Os estilos parentais são categorizados entre:

- Ótimo: com presença marcante de práticas educativas positivas e ausência das práticas negativas.
- Bom, acima da média: porém aconselha-se orientação para pais para aprimoramento das práticas.
- Regular: abaixo da média, aconselha-se a participação dos pais em grupos de treinamento de pais e risco, aconselha-se programas de intervenção terapêutica, em grupo, de casal ou individualmente, especialmente desenvolvidos para pais com dificuldades em práticas educativas, nas quais possam ser enfocadas as consequências do uso de práticas negativas em detrimento das positivas.

Dar *feedback* individualmente e não em grupo, para evitar a exposição dos sujeitos.

SESSÃO 4 – COMO ME RELACIONO COM MEU FILHO?

Objetivo de aprendizagem
Promover a reflexão sobre seu papel e repensar sobre novos padrões de práticas parentais.

Material
Cartolina e duas canetas tipo bastão.

Quebra-gelo

Questionário sobre preferências.

Procedimentos

Introduzir apresentação sobre as fases do desenvolvimento: terceira infância e adolescência (*slide* 4.1, pág. 71). Este passo tem como objetivo desenvolver a compreensão dos pais sobre os fatores que influenciam o comportamento da criança, como, por exemplo, características comportamentais de cada pessoa na interação. Além disso, é realçada a importância da observação das consequências de comportamentos desadaptativos e pró-sociais na família.

Solicitar que os pais preencham uma ficha sobre as preferências dos filhos e a compare com eles em casa (*slides* 4.2 e 4.3, pág. 72).

Encerramento

Propor que os pais aprendam a prestar atenção no comportamento do filho, elogiando-o, valorizando-o e, principalmente, participando das experiências juntamente com eles.

Ficha: Do que o meu filho gosta?

Preencha as lacunas com o que acredita serem
as preferências de seu filho:

Cor:_____

Comida: _____

Brinquedo ou jogo: _____

Disciplina da escola: _____

Série ou filme: _____

Livro:_____

Viagem que mais gostou: _____

Momento em família mais engraçado: _____

_____

Um dia inesquecível:_____

_____

Os amigos mais próximos do meu filho são: _____

_____

SESSÃO 5 – RECONHECENDO AS EMOÇÕES

Objetivo de aprendizagem
Identificação e nomeação das emoções; relação entre elas e as práticas educativas.

Material
Balões coloridos.

Quebra-gelo

Esvaziando-se de Sentimentos Negativos

Propõe-se a demonstração dos efeitos da escuta atenta como um recurso eficiente de comunicação.

Para iniciar a atividade, convide os participantes para, sentados, se disporem em um círculo e distribua um balão para cada um. Inicie a atividade comentando brevemente sobre a importância da concentração e da escuta atenta para uma boa comunicação entre os integrantes de uma equipe.

Na sequência, peça para os participantes encherem seus balões, "descarregando" dentro deles todos os sentimentos negativos que impedem uma boa escuta: desatenção, incompreensão, superficialidade, e que, após cheios e fechados, todos os balões devem ser colocados no chão da sala utilizada para esta dinâmica.

Após o término da sessão, peça que todos estourem os balões com os pés e deem uma salva de palmas.

Procedimentos

Apresentar aos pais as emoções primárias: alegria, tristeza, raiva, amor, medo e nojo (*slides* 5.1 e 5.2, pág. 73).

Expor situações-problemas e pedir que os pais identifiquem quando utilizam a monitoria positiva ou negativa (*slides* 5.3 a 5.6, págs. 74 e 75).

Encerramento

Enfatizar a importância do reconhecimento das emoções e como estas influenciam na prática educativa aplicada.

Para casa

Solicitar que os pais programem um passeio no qual promovam a interação e relatem na sessão seguinte.

SESSÃO 6 – FACILITANDO A EMPATIA

Objetivo de aprendizagem
Promover os exercícios dos pais colocarem-se no lugar do filho, a fim de ouvir e compreender, considerando o que eles sentem, pensam e desejam.

Material
Papel e caneta.

Quebra-gelo

O Mico

Cada participante deve escrever em um pedaço de papel uma situação constrangedora que algum colega da sala deveria realizar. Porém, na verdade, o próprio autor do "mico" será seu executor ao final do quebra gelo.
- Situação 1 – Construção com o grupo.
- Situação 2 – Micos prontos (*slides* 6.1 e 6.2, pág. 76).

Procedimentos

Neste passo, procura-se orientar os pais a dar instruções corretas aos filhos. Para isso, eles devem apresentar instruções curtas e de fácil execução e, em seguida, valorizar o desempenho da criança, fazendo o uso de uma monitoria positiva.

Algumas das habilidades fortalecidas com esse procedimento, como as de observar e de descrever, contribuem para aumentar a qualidade da relação entre pais e filhos e, também, para que estes coloquem-se no lugar do outro no momento em que solicitam algo ao filho (*slide* 6.3, pág. 77).

Encerramento

Reforçar a importância de observar e descrever, considerando o que o outro sente, pensa e deseja.

Para casa

Cada um deve trazer para a próxima sessão uma situação descrevendo o comportamento, a instrução e o desempenho do filho.

SESSÃO 7 – ENSINANDO A LER O AMBIENTE SOCIAL

Objetivo de aprendizagem
Identificar as demandas do ambiente social e as estratégias que podem ser aplicadas, a fim de promover maior assertividade.

Material
Caixa de som e uma lista de músicas, com estilos diferentes (lento, agitado, romântico, entre outros).

Quebra-gelo

No Ritmo da Música

Os participantes são orientados a caminhar pela sala de acordo com o ritmo da música tocada no momento. Inicialmente, sozinhos, e depois, é solicitado que formem duplas para realizar a mesma tarefa.
O terapeuta age como modelo para fazer os participantes se soltarem na tarefa.

Procedimentos

O eixo central desta sessão é a aprendizagem de leitura do ambiente social. Este passo complementa o treino de observação da sessão anterior com outras habilidades. Cada participante deve observar, descrever suas situações e, na sequência, os colegas de grupo precisam identificar antecedentes e consequências presentes em episódios de interação.

Na fase seguinte, são criados exercícios que possibilitam a identificação e interpretação dos comportamentos não verbais, e é solicitado que os pais identifiquem o comportamento não verbal e as estratégias presentes em cada situação (*slides* 7.1 e 7.2, págs. 77 e 78).

Encerramento

Ressaltar a importância de ouvir, prestar atenção nos demais e nos próprios comportamentos.

SESSÃO 8 – COMUNICAÇÃO ASSERTIVA

Objetivo de aprendizagem
Ouvir, expressar opiniões e mediar direitos e deveres.

Material
Cartas (*slides* 8.1 e 8.2, págs. 78 e 79), fita adesiva e uma prancheta pequena ou suporte.

Quebra-gelo

Quem Sou Eu

As cartas com nomes de lugares (*slides* 8.1 e 8.2, págs. 78 e 79) que as pessoas costumam frequentar (restaurante, escola, parque, *shopping*, igreja, cinema, hospital) devem ser coladas no suporte e cada participante terá que adivinhar o local por meio de perguntas objetivas que possam ser respondidas com sim ou não.

Mediação

Caso o participante não consiga desenvolver questões, pode-se sugerir:
Exemplo: "parque".

- "Este local é aberto?"
- "Este local tem árvores?"
- "Este local é frequentado por muitas pessoas?"
- "Neste local é possível praticar esportes?"

Procedimentos

São introduzidas informações sobre assertividade: reciprocidade, discriminação entre relevante e irrelevante e consequências.

Explicitam-se com os participantes as vantagens e desvantagens da assertividade no contexto familiar, em suas dimensões verbais (conteúdo, tipo e ocasião) e não verbais (contato visual e gestualidade) (*slides* 8.3 a 8.5, págs. 79 e 80).

Encerramento

As orientações são desenvolvidas no sentido de utilizarem ou promoverem relações no ambiente suficientes para a aquisição, o fortalecimento e/ou a manutenção da comunicação assertiva.

SESSÃO 9 – REPRESENTAÇÃO DE PAPÉIS

Objetivo de aprendizagem
Explicitar a importância do trabalho colaborativo entre os pais/cuidadores com os filhos.

Material
Cartões com situações-problemas (*slides* 9.1 e 9.2, pág. 81) que devem ser interpretados por meio de mímica.

Quebra-gelo

Mímica

Cada participante irá sortear uma carta que contém uma situação-problema (*slides* 9.1 e 9.2, pág. 81). O participante deve transmitir a mensagem por meio de gestos, manifestações faciais ou deslocamentos de outrem.

Mediação

Caso o participante não consiga desenvolver a atividade, faça uma situação como exemplo.

Procedimentos

A partir das situações-problemas, cada participante deverá se colocar no lugar do personagem da tarefa e relatar o que faria. Lembrando que é importante destacar quais estratégias possíveis em cada situação.

Estratégias

- Conectar pensamentos e emoções: apresentar ao filho que existem limitações que são práticas e éticas, impostas pela vida e sociedade na qual estamos inseridos e que nem sempre elas correspondem ao desejo do momento (*slide* 9.3, pág. 82).
- Ter consciência do problema: esta conscientização oferece recursos para o filho mudar e exercitar novas atitudes (*slide* 9.4, pág. 82).
- Gerenciar consequências: vincular a relação entre atitude e consequência, destacar que a ação suscita consequência natural (*slide* 9.5, pág. 83).

Encerramento

Destacar aos pais que essas estratégias são maneiras que podem ser aplicadas em situações diferentes e que cada um deve avaliá-las de maneira individual.

SESSÃO 10 – O LUGAR DO PODER *VERSUS* LIMITES

Objetivo de aprendizagem
Propiciar que pais e/ou cuidadores possam perceber como se sentem quando têm o poder de escolha e decisão em suas mãos, compreendendo assim sobre a responsabilidade e possíveis consequências de suas ações.

Refletir sobre o quanto de poder é dado aos filhos ao deixarmos que façam escolhas e tomem decisões para as quais ainda não estão preparados emocionalmente (*slide* 10.1, pág. 83).

Dessa forma, é possível compreender que o poder em excesso pode causar em crianças e adolescentes sentimentos como insegurança, medo, angústia e sofrimento.

Material
Um objeto qualquer.

Dinâmica: "Eu sou o poderoso"

Procedimentos

Dar a seguinte instrução: temos aqui um objeto muito poderoso e quem segurar esse objeto, será muito poderoso também.

Escolher um dos participantes e dar em suas mãos o objeto, completando a instrução:

"Agora você é muito poderoso. Você deverá escolher uma pessoa do grupo e ordenar que ela faça qualquer coisa que você quiser."

O "poderoso" poderá pedir ao escolhido para realizar uma tarefa como cantar uma música, dançar ou pagar um mico, porém, é importante não dar dicas sobre o que ele pode ou não pedir. Assim, quem estiver com o objeto, poderá passar pela experiência do que é realmente ter o poder nas mãos. Após o escolhido realizar a tarefa solicitada, automaticamente o objeto passará para suas mãos e então ele, será o "poderoso" da vez. Isso deverá ser feito até que todos do grupo tenham segurado o objeto e feito seus pedidos. Ao término do exercício, pedir para cada participante contar ao grupo como se sentiu durante a atividade, identificando emoções e sensações como prazer, desprazer, angústias, medos e outros sentimentos.

A partir de suas próprias experiências, poderão então discutir e refletir sobre as questões abaixo:

- Pais e cuidadores às vezes dão muito poder aos seus filhos?
- As crianças e adolescentes estão realmente preparados para fazerem escolhas e tomarem decisões sobre qualquer assunto?
- Qual deveria ser o lugar adequado para os filhos dentro da família?

SESSÃO 11 – PRATICANDO AS PRÁTICAS EDUCATIVAS

Objetivo de aprendizagem
Retomar o objetivo principal, que é identificar quais as necessidades e possíveis barreiras em aplicar práticas educativas, intervenção e instrumentalizar os pais no processo de desenvolvimento e educação de seus filhos.

Material
Três cartões com descrições, cada um de um estilo parental (slide 11.1, pág. 84).

Quebra-gelo

Conhecendo-nos

Os participantes devem formar um círculo e ficar sentados. O participante que inicia diz seu nome. O segundo, da esquerda, diz o nome do primeiro e também o seu. O terceiro diz o nome do primeiro, do segundo e depois o seu; e assim sucessivamente. Os que erram devem ser ajudados, sem nenhum tipo de censura. Como vai ficando mais difícil para os últimos, pode-se fazer a mesma atividade na direção inversa. Os mediadores também devem participar, e o jogo termina quando todos conseguirem dizer o nome de cada um.

Procedimentos

Os participantes devem ser divididos em três grupos e identificar quais atitudes tendem a impactar no desenvolvimento de determinadas características dos filhos.

Permissivo

- Baixa exigência.
- Alta responsividade e afetividade.
- Falta de limites.
- Consequências: autocontrole deficitário e alta frequência de comportamentos externalizantes.

Estilo permissivo

Os filhos tendem a desenvolver pouca capacidade de empatia; são mais propensos a agressividade (tanto no contexto familiar quanto no social público) e a apresentar dificuldade na aquisição de habilidades sociais (por exemplo, as que envolvem assertividade e civilidade).

Autoritário

- Baixa afetividade e responsividade.
- Alto nível de exigência.
- Uso de coerção e punição.
- Consequências: ansiedade, risco para abuso, fuga e esquiva.

Estilo autoritário

São pais que exercem controle excessivo na vida dos filhos, com ênfase na adolescência; comportamento dos pais não são suficientes diante as necessidades dos filhos, são pais inconstantes, oscilam em proporcionar experiências boas e más para os filhos, dificultando o enfrentamento de desafios e obstáculos ao longo da vida. Assim, os filhos podem se tornar pessoas hostis ou submissas; ansiosos para lidar com situações estressoras e ter problemas de ajustamento no comportamento, devido a restrição no repertório de habilidades sociais.

Democrático

- Altos níveis de exigência e responsividade
- Baixos níveis de intrusão e restrição
- Consequência: desenvolvimento satisfatório, com capacidade de resolução de conflitos e estabelecimento de confiança no ambiente e no outro.

> **Estilo democrático**
>
> Pais que promovem interação e comunicação; são sensíveis a antecedentes, identificam-se com os filhos, promovem um ambiente acolhedor e propício para descobertas e apresentação de objetos. Assim, o desenvolvimento dos filhos será permeado de empatia, assertividade, civilidade e com a possibilidade de sempre ampliar suas habilidades em qualquer ambiente.

Encerramento

Destacar a importância do equilíbrio entre as atitudes e as consequências que podem causar.

SESSÃO 12 - INTERAÇÃO ENTRE PAIS E FILHOS

Objetivo de aprendizagem
Estimular a expressão de sentimentos (positivos e negativos), opiniões, demonstração de carinho, brincadeiras; promover um espaço para relacionamento saudável, com o equilíbrio entre responsividade e exigência.

Quebra-gelo

Irmãos

Dividir os participantes em dois círculos iguais (mesmo número de pessoas). Um círculo dentro do outro. Cada um dos participantes do círculo interior terá um companheiro correspondente no círculo exterior - esse é seu "irmão". Ao sinal de início, o círculo exterior começa a rodar para a esquerda e o interior para a direita, todos de mãos dadas. Em um determinado momento o mediador do jogo grita: "Irmãos!". Neste momento, cada participante deve procurar o seu companheiro ("irmão") do outro círculo dar as mãos e sentar. Estimular que o jogo aconteça dentro de um intervalo de tempo ou até que todos tenham conseguido encontrar seu "irmão".

Procedimentos

Promover uma atividade de laço relacional que envolva as práticas educativas discutidas e que os pais possam produzir algo em conjunto com os filhos. Ex.: atividade manual (*slides* 12.1 a 12.4, págs. 84 e 85).

Encerramento

Retomada dos objetivos; avaliação do que foi possível praticar e o que é preciso melhorar. Reaplicar o Inventário de Estilos Parentais (IEP).

REFERÊNCIAS BIBLIOGRÁFICAS

1. Winnicott DW. Natureza humana. Rio de Janeiro: Imago; 1988
2. Winnicott, D.W. (1896-1971) – Da Pediatria à Psicanálise, Rio de Janeiro, Ed. Imago, 2000.
3. Winnicott DW. A preocupação materna primária. In: Winnicott DW. Da pediatria à psicanálise: obras escolhidas (pp. 399-405). Rio de Janeiro: Imago; 1956/2000.
4. Winnicott DW. O Brincar e a Realidade, Trad. Jose Otavio de Aguiar Abreu e Vanede Nobre, Rio de Janeiro, Imago, 1975.
5. Davis M, Wallbridge D. Limite e espaço: uma introdução à obra de D.W. Winnicott. Nick E, translator. Rio de Janeiro: Imago; 1982.
6. Winnicott DW. Desenvolvimento emocional primitivo. In: Winnicott DW. Da pediatria à psicanálise: obras escolhidas (pp. 218-232). Rio de Janeiro: Imago; 1945/2000.
7. Winnicott DW. Teoria do relacionamento paterno-infantil. In: Winnicott DW. O ambiente e os processos de maturação (pp.38-54). Porto Alegre, Brasil: Artes Médicas; 1990.
8. Lazarus RS, et al. The relationship between challenging parenting behaviour and childhood anxiety disorders. J Affective Disord. 2016;190:784-91.
9. Kerns CE, et al. Maternal emotion regulation during child distress, child anxiety accommodation, and links between maternal and child anxiety. J Anxiety Disord. 2017;50:52-9.
10. Winnicott DW. A integração do ego no desenvolvimento da criança. In: O ambiente e os processos de maturação. Porto Alegre: Artmed, 1983. p. 55-61.
11. Lebowitz ER et al. Family accommodation in pediatric anxiety disorders. Depress Anxiety. 2013;30(1):47-54.
12. Benito KG et al. Development of the pediatric accommodation scale: Reliability and validity of clinician and parent-report measures. J Anxiety Disord. 2015;29:14-24.
13. Jones JD et al. Family accommodation mediates the association between anxiety symptoms in mothers and children. J Child Adolesc Ment Health. 2015;27(1):41-51.
14. O'Connor EE et al. Parent and child emotion and distress responses associated with parental accommodation of child anxiety symptoms. J Clin Psychol. 2020;76(7):1390-407.
15. Bee H, Boyd D. A criança em desenvolvimento, 12. ed. Monteiro C, translator. Porto Alegre: Artes Médicas; 2011. 314-449 p.
16. Campbell RL, Bickhard MH. Types of constraints on development: An interactivist approach. Dev Rev. 1992;12(3):311-38.
17. Cole M. Cultural-historical activity theory in the family of socio-cultural approaches. Int Soc Behav Dev Newsl. 2005;1(47):1-4.

18. Posthuma D, de Geus EJC, Boomsma DI. Genetic contributions to anatomical, behavioral and neurophysiological indices of cognition. In Plomin R, DeFries JC, Craig IW, McGuffin P, editors. Behavioral genetics in the postgenomic era. Washington: APA Books; 2002. p. 141-61.
19. Caspi A, Moffitt TE. Gene-environment interactions in psychiatry: Joining forces with neuroscience. Nat Rev Neurosci. 2006;7:583-90.
20. Plant DT, Barker ED, Waters CS, Pawbly S, Pariante CM. Intergenerational transmission of maltreatment and psychopathology: the role of antenatal depression. Psychol Med. 2013;43:519-28.
21. Wu V, East P, Delker E, Blanco E, Caballero G, Delva J, et al. Associations among mothers' depression, emotional and learning-material support to their child, and children's cognitive functioning: a 16-year longitudinal study. Child Dev. 2019;90(6):1952-68.
22. Schiavo RA, Perosa GB. Child development, maternal depression and associated factors: a longitudinal study. Paidéia. 2020;30:1-9.
23. Selman RL. The development of interpersonal competence: the role of understanding in conduct. Developmental Review. 1981;1(4):401-22, 1981.
24. Rubin KH, Coplan R, Chen X, Baskirk A, Wojslawowica J. Peer relationships in childhood. In: Bornstein M, Lamb M (eds), Developmental science: an advanced textbook, 5. ed. 2005. p. 469-512,.
25. Papalia DE, Duskin R. Desenvolvimento humano. São Paulo: McGraw-Hill; 2009. p. 314-449.
26. Ferraz IEI et al. Fatores psicossociais associados ao desenvolvimento de transtornos psiquiátricos em crianças e adolescentes. Rev Med. UFC. 2017;57(2):8.
27. Erikson EH. The life cycle completed. New York: Norton; 1982.
28. Fuentes D, et al. Neuropsicologia: teoria e prática. Porto Alegre: Artmed; 2008.
29. Hanns L, A arte de dar limites: como mudar atitudes de crianças e adolescentes, 1. ed. São Paulo: Paralela; 2015.
30. Gomide PIC. Inventário de Estilos Parentais. Modelo teórico: manual de aplicação, apuração e interpretação. Petrópolis: Vozes; 2006.
31. Winnicott DW. Provisão para a criança na saúde e na crise. In: Winnicott DW. O ambiente e os processos de maturação. Porto Alegre: Artmed; 1960/1983. pp. 62-69.
32. Winnicott DW. A mãe dedicada comum. In: Winnicott, D. W. Os bebês e suas mães (pp. 1-11). Rio de Janeiro: Imago; 1966/2006.
33. Winnicott DW. A comunicação entre o bebê e a mãe e entre a mãe e o bebê: convergências e divergências. In: Winnicott, D. W. Os bebês e suas mães (pp. 79-92). São Paulo: Martins Fontes; 1968/2006.
34. Winnicott DW. O Ambiente e os processos de Maturação: estudos sobre a teoria do desenvolvimento emocional. Trad. Por Irineu Constantino Schuch Ortiz. Porto Alegre: Artmed; 1983.

ÍNDICE REMISSIVO

A

Abuso físico 19, 34
Acolhimento 37
Acomodação
 comportamental 10
 dos pais 10
Adequação das práticas
 educativas 21
Álcool 13
Alegria 41
Alteridade 22
Ambiente
 facilitador 7
 familiar 10
 não suficientemente
 bom 5
Ambiente social 45
Amor 41
Ansiedade 10
Apresentação sobre os papéis
 de mãe e pai 32
Assertividade 47
Atividade
 de laço relacional 57
 criminosa 13
Atuação ativa do pai na vida
 da criança 8
Autoestima 18
Autonomia 17, 18, 21
 dos pais 9
Autoridade 22
 parental 18
Autoritário 16

B

Bullying 14

C

Caixa de Recordações 31
Carrascos 22
Castigo físico, 15
Categorias de estilos
 parentais 15

Cognição social das crianças
 14
Compaixão 18
Competências
 socioemocionais 14
Comportamento
 antissocial 13
 desadaptativo 39
 dos filhos 16
 moral 17, 18, 34
 sadio 17
 não verbal 45
Compreensão dos seus atos
 17
Comunicação assertiva 47
Conectar pensamentos e
 emoções 50
Conflito conjugal 13
Conhecendo-nos 53
Construção
 da família 1
 das relações familiares 9
Contato visual 48
Conteúdo 48
Continuar a ser 6

D

Déficit de habilidades 25
Democrático 17
Demonstração de carinho 57
Depressão grave 13
Desarmonia parental 15
Descontrole emocional 19
Descumprimento das regras
 18
Desenvolvimento 10
 da criança 1
 do raciocínio 18
 emocional primitivo 2
 físico e cognitivo 13
 psicossocial 13
Desobediência 20

Diálogo 22
Direitos e deveres 23
Disciplina
 coercitiva 18
 familiar 15
 indutiva 18
 relaxada 18, 34
Dissimulações 34

E

Emoções primárias 41
Enfrentamento de desafios e
 obstáculos 17
Ensinando
 a ler o ambiente social 45
 a viver com limites 21
Equilíbrio dos estilos
 parentais 21
Equilíbrio homeostático 5
Escuta atenta 41
Espaço transicional 7
Estilos
 autoritário 54
 democrático 55
 parentais 15, 31, 32
 práticas educativas 16
 permissivo 54
 pontuação 38
Esvaziando-se de Sentimentos Negativos 41
Eu sou o poderoso 51
Excessivo envolvimento dos
 pais e responsáveis 9
Experiências 32

F

Ficha: Do que o meu filho
 gosta? 40
Finalidade do programa 25
Flexibilidade mental 37
Formação da vida psíquica
 do bebê 2
Fragilidades 37

Função materna e função paterna 7
Funcionamento intelectual 13

G

Gêmeos idênticos 12
Geneticistas do comportamento 12
Gerenciar consequências 50
Gestualidade 48

H

Habilidades 37
Herança genética 12
História da família 1
Hostilidade 34

I

Identificação e nomeação das emoções 41
Independência 21
Insegurança 34
Instruções corretas aos filhos 43
Instrumentos individuais 34
Integração 3
Interação entre pais e filhos 57
Intimidade 5
Inventário de Estilos Parentais 37, 58
Irmãos 57

J

Justiça 18

L

Leitura do ambiente social 45
Lembrança na família 32
Limite na educação 23
Lógica de retribuição 17

M

Materiais de jogo 13
Maturação 11
Medo 41
Memórias 32
    afetiva 31
    vivenciadas 31
Mímica 49
Monitoria negativa 20, 34
Monitoria positiva 18, 34
Mudança sequencial

geneticamente programada 11
Música 45

N

Necessidades 25
Negligência 20, 34
Noções
    de honestidade 18
    de justiça 17
Nojo 41
Normas sociais 23

O

Ocasião 48

P

Pais colocarem-se no lugar do filho 43
Papéis parentais e filiais 15
Parentalidade 1
Perinatalidade 1
Permissividade exacerbada 22
Personalidade antissocial 13
Personalização 4
Poder
    dado aos filhos 51
    de escolha e decisão 51
    em excesso 51
    versus limites 51
Práticas educativas 33, 37, 53
    negativas 18, 34
    positivas 17, 34
Preferências dos filhos 39
Preocupação materna 5
Pressupostos para educar 21
Psicoeducacional 31
Punição
    corporal 34
    inconsistente 19, 34
Punições 17

Q

Questionário sobre preferências. 39
Quociente de inteligência 13

R

Raiva 41
Reciprocidade 47
Reconhecimento das emoções 41, 42
Recursos familiares 13

Rede de apoio 1
Regras e limites 22
Relação entre a mãe e seu bebê 5
Relacionamento simbiótico 5
Representação de papéis 49
Respeito 22
Respeito mútuo 17
Restrição
    no repertório de habilidades sociais 17
    no desenvolvimento 11
Rotinas familiares 10
Ruptura 13

S

Segurança e apoio 8
Self 5
Sensação de rejeição 20
Senso de individualidade 7
Sentimentos de afeição 5
Situação constrangedora 43
Situações-problemas 42
Socialização e adaptação infantil 17
Sofrimento psicológico 13
Sustentação ambiental 9

T

Tabagismo 13
Tarefa parental 2
Técnicas de abordagem da família e dos pais 25
Tendências inatas 11
Terceira infância à adolescência 10
Ter consciência do problema 50
Tipo 48
Trabalho colaborativo 49
Tratamento igualitário 17
Tristeza 41

U

Uso indevido de substâncias 13

V

Vigilância da criança 17
Violência
    conjugal 15
    familiar 15
    no meio familiar 13

SLIDES

CONTEÚDO COMPLEMENTAR

Os *slides* coloridos (pranchas) em formato PDF para uso nas sessões de atendimento estão disponíveis em uma plataforma digital exclusiva (https://https://conteudo-manole.com.br/cadastro/conversando-com-os-pais).

Utilize o *QR code* abaixo, digite o *voucher* **familiares** e cadastre seu *login* (*e-mail*) e senha para ingressar no ambiente virtual.

O prazo para acesso a esse material limita-se à vigência desta edição.

Orientando pais: diálogos e reflexões

SLIDE 1.1

Psicoeducacional: memórias afetivas e funções parentais

- Conte uma receita que aprendeu na sua família.
- Qual é o seu sonho?
- Qual é sua melhor lembrança de uma viagem em família?
- Qual é o seu maior desafio atualmente?
- Você utiliza redes sociais? Comente.

SLIDE 1.2

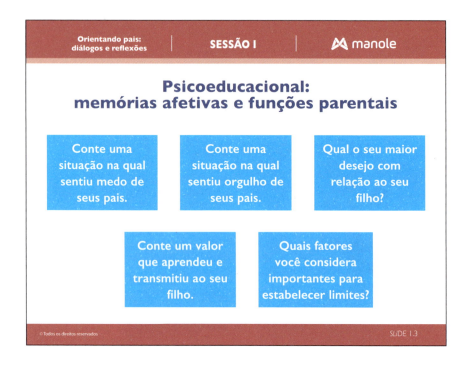

Orientando pais: diálogos e reflexões | **SESSÃO 2** | **M manole**

Conhecendo as práticas educativas

Era uma vez...

"Esta manhã levantei-me cedo. O dia estava magnífico. O sol de primavera animava toda a natureza e os pássaros [duas mãos e em pé] cantavam sem cessar.

Ao abrir a janela do quarto, um pardal [mão direita e sentados], sem cerimônia, invadiu a casa, pondo o gato [mãos no joelho, batendo os pés] em polvorosa.

O papagaio [mão direita e sentados] que estava no jardim de inverno irritou-se com a correria do gato [mãos no joelho, batendo os pés] e pôs-se a berrar, assustando os canários [duas mãos e em pé], que tranquilamente cantavam em suas gaiolas.

O pardal [mão direita e sentados] acabou saindo pela janela por onde entrou, deixando o gato [mãos no joelho, batendo os pés] mais tranquilo que foi brincar com o cachorro [mãos no joelho, batendo os pés] já resignado com a perda de seu pardal [mão direita e sentados] que planejava ter para o café da manhã. ▶

© Todos os direitos reservados

SLIDE 2.1

Orientando pais: diálogos e reflexões | **SESSÃO 2** | **M manole**

Conhecendo as práticas educativas

▶ Sucessivamente acalmaram-se o papagaio [mão direita e sentados] e os canários [duas mãos e em pé]. Continuando a contemplar a natureza, observei que se aproximou de um lindo vaso de flores um beija-flor [mão direita e sentados].

Aí pensei comigo: 'Vai começar tudo de novo...' O gato [mãos no joelho, batendo os pés], felizmente, nesta altura se mantinha concentrado brincando com o cachorro [mãos no joelho, batendo os pés] e não percebeu a aproximação do beija-flor [mão direita e sentados].

O papagaio [mão direita e sentados] se divertia com uma corrente pendurada em sua gaiola e os canários [duas mãos e em pé] cantarolavam mais tranquilamente em suas gaiolas, saudando o lindo dia que iniciava e o cachorro [mãos no joelho, batendo os pés]."

© Todos os direitos reservados

SLIDE 2.2

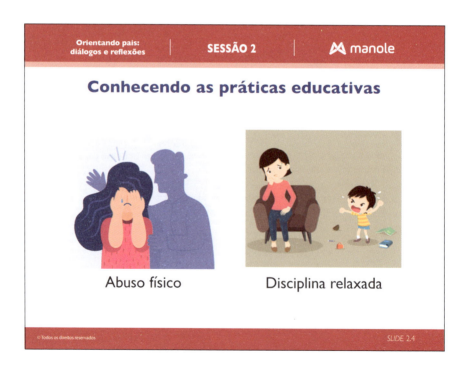

Orientando pais: diálogos e reflexões | **SESSÃO 2** | **manole**

Conhecendo as práticas educativas

Monitoria negativa

Negligência

Punição inconsistente

SLIDE 2.5

Orientando pais: diálogos e reflexões | **SESSÃO 3** | **manole**

Inventário de Estilos Parentais (IEP)

Práticas educativas maternas e paternas – autoaplicação (Paula Inez Cunha Gomide)

O objetivo deste instrumento é estudar a maneira utilizada pelos pais na educação de seus filhos.

Não existem respostas certas ou erradas. Responda cada questão com sinceridade e tranquilidade. Suas informações serão sigilosas. Escolha, entre as alternativas a seguir, aquelas que mais refletem a forma como você educa seu(sua) filho(a).

Identificação
Nome: _____ Idade: _____
Escolaridade: _____ Sexo: ( )M ( )F
Nome do filho(a): _____

Responda a tabela a seguir fazendo um X no quadrículo que melhor indicar a frequência com que você age nas situações relacionadas. Mesmo que a situação descrita nunca tenha ocorrido, responda considerando o seu possível comportamento naquelas circunstâncias.

Utilize a legenda de acordo com o seguinte critério:
NUNCA: se, considerando 10 episódios, você agiu daquela forma entre 0 e 2 vezes.
ÀS VEZES: se, considerando 10 episódios, você agiu daquela forma entre 3 e 7 vezes.
SEMPRE: se, considerando 10 episódios, você agiu daquela forma entre 8 e 10 vezes.

SLIDE 3.1

Orientando pais: diálogos e reflexões — SESSÃO 3 — manole	8 a 10 Sempre	3 a 7 Às vezes	0 a 2 Nunca
1. Quando meu(minha) filho(a) sai, ele(a) conta espontaneamente onde vai.			
2. Ensino meu(minha) filho(a) a devolver objetos ou dinheiro que não pertencem a ele(a).			
3. Quando meu(minha) filho(a) faz algo errado, a punição que aplico é mais severa dependendo de meu humor.			
4. Meu trabalho atrapalha na atenção que dou ao meu(minha) filho(a).			
5. Ameaço que vou bater ou castigar e depois não faço nada.			
6. Critico qualquer coisa que meu(minha) filho(a) faça, como o quarto estar desarrumado ou estar com os cabelos despenteados.			
7. Bato com cinta ou outros objetos nele(a).			
8. Pergunto como foi seu dia na escola e o ouço atentamente.			
9. Se meu(minha) filho(a) colar na prova, explico que é melhor tirar nota baixa do que enganar a professora ou a si mesmo(a).			
10. Quando estou alegre, não me importo com as coisas erradas que meu(minha) filho(a) faça.			
11. Meu(minha) filho(a) sente dificuldades em contar seus problemas para mim, pois vivo ocupado(a).			
12. Quando castigo meu(minha) filho(a) e ele pede para sair do castigo, após um pouco de insistência, permito que saia do castigo.			
13. Quando meu(minha) filho(a) sai, telefono procurando por ele(a) muitas vezes.			
14. Meu(minha) filho(a) tem muito medo de apanhar de mim.			

© Todos os direitos reservados

SLIDE 3.2

Orientando pais: diálogos e reflexões — SESSÃO 3 — manole	8 a 10 Sempre	3 a 7 Às vezes	0 a 2 Nunca
15. Quando meu(minha) filho(a) está triste ou aborrecido(a), interesso-me em ajudá-lo a resolver o problema.			
16. Se meu(minha) filho(a) estragar alguma coisa de alguém, ensino a contar o que faz e pedir desculpas.			
17. Castigo-o(a) quando estou nervoso(a); assim que passa a raiva, peço desculpas.			
18. Meu(minha) filho(a) fica sozinho em casa a maior parte do tempo.			
19. Durante uma briga, meu(minha) filho(a) xinga ou grita comigo e, então, eu o(a) deixo em paz.			
20. Controlo com quem meu(minha) filho(a) fala ou sai.			
21. Meu(minha) filho(a) fica machucado fisicamente quando bato nele(a).			
22. Mesmo quando estou ocupado(a) ou viajando, telefono para saber como meu(minha) filho(a) está.			
23. Aconselho meu(minha) filho(a) a ler livros, revistas ou ver programas de TV que mostrem os efeitos negativos do uso de drogas.			
24. Quando estou nervoso(a), acabo descontando em meu(minha) filho(a).			
25. Percebo que meu(minha) filho(a) sente que não dou atenção a ele(a).			
26. Quando mando meu(minha) filho(a) estudar, arrumar o quarto ou voltar para casa, e ele não obedece, eu "deixo pra lá".			
27. Especialmente nas horas das refeições, fico dando as "broncas".			
28. Meu filho(a) sente ódio de mim quando bato nele(a).			

© Todos os direitos reservados

SLIDE 3.3

Orientando pais: diálogos e reflexões | SESSÃO 3 | manole

	8 a 10 Sempre	3 a 7 Às vezes	0 a 2 Nunca
29. Após uma festa, quero saber se meu(minha) filho(a) se divertiu.			
30. Converso com meu(minha) filho(a) sobre o que é certo ou errado no comportamento dos personagens dos filmes e dos programas de TV.			
31. Sou mal-humorado(a) com meu(minha) filho(a).			
32. Não sei dizer do que meu filho(a) gosta.			
33. Aviso que não vou dar um presente para meu(minha) filho(a) caso não estude, mas, na hora "H", fico com pena e dou o presente.			
34. Se meu filho(a) vai a uma festa, somente quero saber se bebeu, se fumou ou se estava com aquele grupo de maus elementos.			
35. Sou agressivo(a) com meu filho(a).			
36. Estabeleço regras (o que pode e o que não pode ser feito) e explico as razões sem brigar.			
37. Converso sobre o futuro trabalho ou profissão de meu filho, mostrando os pontos positivos ou negativos de sua escolha.			
38. Quando estou mal-humorado(a), não deixo meu(minha) filho(a) sair com os amigos.			
39. Ignoro os problemas de meu filho(a).			
40. Quando meu(minha) filho(a) fica muito nervoso(a) em uma discussão ou briga, ele(a) percebe que isto me amedronta.			
41. Se meu(minha) filho(a) estiver aborrecido(a), fico insistindo para ele contar o que aconteceu, mesmo que ele(a) não queira contar.			
42. Sou violento(a) com meu(minha) filho(a).			

Adaptado de Gomide PIC. Inventário de Estilos Parentais; 2006.

SLIDE 3.4

Orientando pais: diálogos e reflexões | SESSÃO 4 | manole

Como me relaciono com meu filho?

3ª INFÂNCIA
- 6 a 12 anos.
- Desenvolvimento do raciocínio lógico.
- Capacidade de reversibilidade.
- Variabilidade de estratégias.

ADOLESCÊNCIA
- 12 a 18 anos.
- Desenvolvimento raciocínio científico.
- Formação de grupos com os pares
- Testar hipóteses.

SLIDE 4.1

Orientando pais: diálogos e reflexões | **SESSÃO 4** | **manole**

Como me relaciono com meu filho?

Do que o meu filho gosta?

Preencha as lacunas com o que acredita serem as preferências de seu filho:

Cor: _____

Comida: _____

Brinquedo ou jogo: _____

Disciplina da escola: _____

Série ou filme: _____

Livro: _____

© Todos os direitos reservados

SLIDE 4.2

Orientando pais: diálogos e reflexões | **SESSÃO 4** | **manole**

Como me relaciono com meu filho?

Viagem que mais gostou: _____
_____

Momento em família mais engraçado: _____
_____
_____

Um dia inesquecível: _____
_____
_____

Os amigos mais próximos do meu filho são: _____
_____

© Todos os direitos reservados

SLIDE 4.3

Orientando pais: diálogos e reflexões | **SESSÃO 5** | **manole**

Reconhecendo as emoções

Situações-problemas para identificar
se a prática educativa foi positiva ou negativa

Seu(sua) filho(a) refere que está com medo de monstros e você ignora.

Você percebe que seu(sua) filho(a) não tem mais o mesmo interesse por brincadeiras como antes e você não faz nada.

© Todos os direitos reservados

SLIDE 5.3

Orientando pais: diálogos e reflexões | **SESSÃO 5** | **manole**

Reconhecendo as emoções

Situações-problemas para identificar
se a prática educativa foi positiva ou negativa

Seu(sua) filho(a) se queixa que as pessoas comentam que ele(a) é preguiçoso(a). Você senta para conversa com ele(a) para compreender o contexto.

Seu(sua) filho(a) faz brincadeiras que estão afastando os colegas. Você ouve.

© Todos os direitos reservados

SLIDE 5.4

Orientando pais: diálogos e reflexões | **SESSÃO 5** | **manole**

Reconhecendo as emoções

Situações-problemas para identificar
se a prática educativa foi positiva ou negativa

Você e sua família estão em uma festa de aniversário quando percebe que seu(sua) filho(a) empurrou outra criança. Chama para conversar e o(a) ensina sobre os pontos negativos da ação e quais estratégias seriam adequadas (p. ex., esperar a vez no brinquedo).

Seu(sua) filho(a) pediu permissão para sair, não foi autorizado(a) e tem horário combinado para chegar em casa. Chega mais tarde do que o combinado e você não diz nada.

© Todos os direitos reservados

SLIDE 5.5

Orientando pais: diálogos e reflexões | **SESSÃO 5** | **manole**

Reconhecendo as emoções

Situações-problemas para identificar
se a prática educativa foi positiva ou negativa

Seu(sua) filho(a) avisa que irá fazer uma viagem com os amigos. Você não sabe o local nem quem são os amigos e você permite.

O professor do seu(sua) filho(a) te envia uma mensagem dizendo "Hoje ele(ela) ficou muito assustado(a) quando chamado à lousa. Você responde com a mensagem "Obrigado(a) por avisar, vamos marcar uma conversa?".

© Todos os direitos reservados

SLIDE 5.6

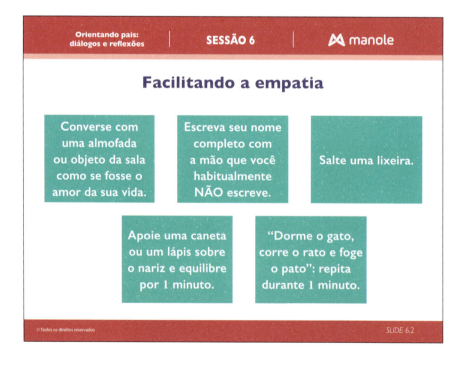

Orientando pais: diálogos e reflexões | **SESSÃO 6** | **manole**

Facilitando a empatia

- ✓ Instruções curtas e de fácil execução.
- ✓ Valorizar o desempenho da criança.
- ✓ Fazer o uso de uma monitoria positiva
- ✓ Observar a situação-problema e descrever.
- ✓ Redirecionar para uma estratégia que diminua o problema.

Orientando pais: diálogos e reflexões | **SESSÃO 7** | **manole**

Ensinando a ler o ambiente social

Monitoria positiva

Comportamento moral

Abuso físico

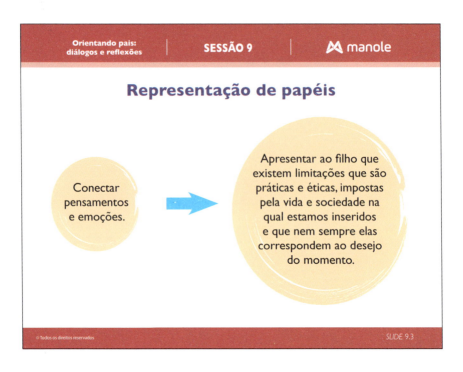

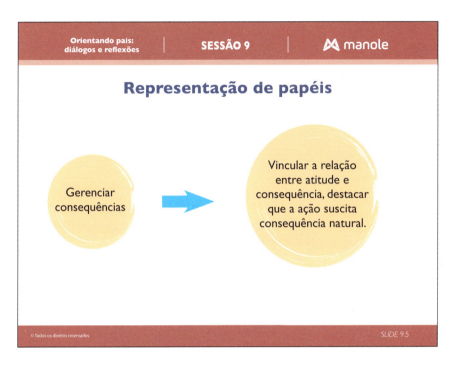

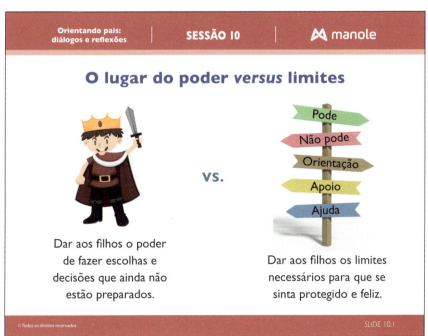

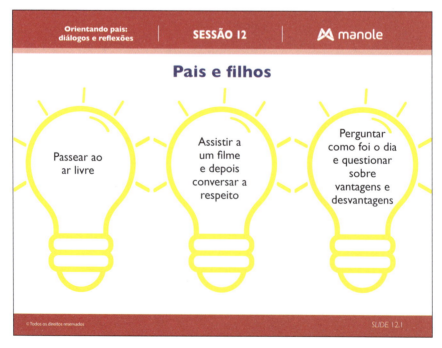

Série Psicologia e Neurociências

INTERVENÇÃO DE CRIANÇAS E ADOLESCENTES

manole.com.br

Série Psicologia e Neurociências

INTERVENÇÃO DE ADULTOS E IDOSOS

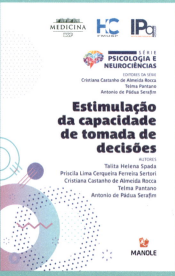

manole.com.br

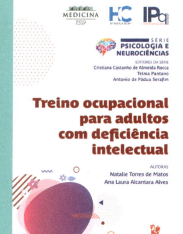

Série Psicologia e Neurociências

manole.com.br